简单管理

冯祯祥◎著

Simple Management

海天出版社（中国·深圳）

图书在版编目（CIP）数据

简单管理 / 冯祯祥著. — 深圳：海天出版社，
2018.9
ISBN 978-7-5507-2410-5

Ⅰ. ①简… Ⅱ. ①冯… Ⅲ. ①企业管理 Ⅳ.
①F272

中国版本图书馆CIP数据核字(2018)第104046号

简单管理
JIANDAN GUANLI

出 品 人	聂雄前
责任编辑	涂玉香
	张绪华
责任技编	梁立新
装帧设计	线艺设计 电话:83460339

出版发行　海天出版社
地　　址　深圳市彩田南路海天综合大厦7-8层（518033）
网　　址　www.htph.com.cn
订购电话　0755-83460397（批发）　83460239（邮购）
设计制作　深圳市线艺形象设计有限公司　　0755-83460339
印　　刷　深圳市希望印务有限公司
开　　本　787mm×1092mm　1/16
印　　张　16.5
字　　数　190千
版　　次　2018年9月第1版
印　　次　2018年9月第1次
定　　价　45.00元

冯祯祥（笔名：安博伦）

工商管理哲学博士
国家注册高级商务策划师
高级经济师

　　现任深圳市简单管理教育学院院长，深圳市简单管理咨询有限公司董事长，深圳市中电照明股份有限公司董事、行政总裁；兼任国内多所著名大学客座教授，北京时代光华特聘讲师；深圳市专家工作委员会管理科学专家，深圳市企业联合会常务理事，深圳市照明协会副理事长，深圳市市长质量奖评委。

　　担任大中型国企、中外合资公司、股份公司等企业高级管理职位二十多年，致力于简单管理研究与应用推广。创立"简单管理应用体系"与"第三方管理督导"模式，倡导"化繁为简，聚焦重点，倍增效率"的简单管理理念并进行实践推广应用，强调最简单高效的管理就是：预防问题，保持"一次就做好"。

　　曾经为深物业（股票代码 000011）、农产品（股票代码 000061）、诺普信 （股票代码 002215）、科力远（股票代码 600478）、深圳地铁、深圳巴士集团、大亚湾核电、中饰南方、重庆盐业、江苏红豆、广东华坚集团、中国长城资产深圳公司等数百家企业提供简单管理培训和项目咨询服务。

　　近 20 年间，曾为国内多所著名大学总裁班和政商领袖班、国务院扶贫办、国家西部开发办、国家银河培训工程等培训人才，同时应邀到国内近 30 个城市及地区做专题培训，对象为政府部门中高级干部和企业中高层管理人员，深受学员好评。

推荐序

简单管理不简单

〉**许 扬**
研究员级高级工程师
深圳市企业联合会名誉会长
深圳市企业家协会名誉会长

　　《简单管理》这本书写得很好，内容很丰富，讲得很透彻，很接地气，具有较强的实用性、指导性和可操作性。本书作者冯祯祥博士阐述了简单管理的精髓、要点、核心价值和实践应用，指出了组织在发展初期的管理原本就是简单的，管理制度从无到有、从少到多；管理组织、规章制度、运作流程都是由简单到复杂，是一个逐级建立健全的过程。这符合事物发展的一般规律。管理从简单到复杂，再回归简单，是一个螺旋式上升的过程。

　　简单管理是对传统管理的传承与发扬，它没有否定和排斥过去的传统管理模式，而是提倡"创新思维"，实现简单的"精要"管理，就是把握事物本质"聚焦重点，化繁为简"，以达到"倍增效益"为目的。简单管理就是学会"寻找影响效率的复杂"，抛弃"没有价值的繁忙"，针对具体问题具体分析，"精准"提出问题，解决"要点"问题，预防可能发生的问题，尽量"一次就做好"，用简单的管理过程，达到高效的经营目的。例如，当"管理"和"效率"发生矛盾时，是要经过复杂程序层层申报，还是要当机立断？这是考验管理者智慧的命题。简单管理告诉我们，"创新思维"可以很好地解决上述命题。不论决策者如何取舍，都会得到预期的结果。

　　依我看，简单管理不简单！简单管理不是减少管理，更不是不要管理，而是更高层次的管理。它对管理者和职业经理人从业资格提出了更高的要求。管理高手往往都是简单的，成功的企业也是简单的。管理者水平越低，管理就越复杂。比如写工作报告，有的人写一大堆，讲几个小时，因为他没有抓住事物本质，才没完没了地讲，而真正的高手半个小时就讲清楚了。所以说，水平越低的人越会把事情搞复杂。

本书阐述了简单管理的精髓要点和核心价值，还建立了简单管理的应用体系和应用程序，一方面"化繁为简"，另一方面"预防复杂"，形成了一个闭环。通过"寻找复杂，化繁为简，预防复杂"3个程序，运用简单的思路、方法、技巧和工具，建立一个简单高效的运行机制。

简单管理倡导"一次就做好"，一次不做好，就会制造更多的复杂和麻烦，就要耗费更多的资源和时间去弥补"一次没做好"的损失，付出更大的代价。因此，提出了"预防问题"的管理思想，变"发现问题，解决问题"为"预防问题"。

简单管理不是只做"减法"，该管的还是要管，问题是"你是不是该管"。很多企业做大了，为什么效率很低，就是管理太复杂，有些复杂程序是没有效率的，反而成为负担，侵蚀了利润。一切发展机会都被复杂所破坏，复杂得足以让组织背负沉重的负担。以复杂为特征的"瞎折腾"已经不是个别现象。

合理"放权"和"授权"，也是简单管理的内涵之一。谁想一竿子插到底，是行不通的。你一个人的能力和精力都是有限的，你怎么可能把所有问题都想清楚了才让大家干呢？比如，一个老板或一个设计师要建房子，下面的施工员比董事长强，而董事长就是"要质量、要进度、要成本"，至于如何建这个房子，可以放心让底下的员工干，但是"质量、进度、成本"这3个重点一定要控制好，这个是你应该管的事。至于如何更有效地做好施工管理，下边的人比你强。

所以说，简单管理遵循自然规律，顺应时代潮流，符合中央执政理念，适应企业发展需求，获得了社会认同。在今天这个竞争激烈的全球经济环境中，简单管理的实践与应用，具有较强的实用性和指导性，阅读本书可以让你收获简单管理的智慧，掌握简单管理应用的方法和技巧，从而让你的管理获得事半功倍的效果。

化繁为简，创造无限可能

　　大道至简，悟在天成。简单，历来就为人们所推崇。成功的企业家和领袖人物都深谙化繁为简的智慧。

　　简单是一门艺术，是管理的灵魂。简单管理是提高效率和盈利能力的催化剂。掌握更为简单高效的管理方法，是组织持续健康发展的重要途径。华为总裁任正非也把简化管理当作未来有效增长的核心措施。研究表明，成功的企业，管理一般都是精简高效的。

　　简单也是一门学问，简单管理已成为一种重要的管理理论。当前，国内外经济和政治形势急剧变化，移动互联网浪潮席卷全球，跨界经营彻底打破了行业界线，企业竞争日趋激烈。不少商业帝国面临灭顶之灾，大量错综复杂的问题层出不穷，以致内部管理日趋复杂。许多企业家身处迷雾之中，琐事缠身，不堪重负。所以，"简单管理"应运而生，并迅速成为席卷全球的一种重要的管理理论和实践方法。

　　简单管理，顾名思义，就是让纷繁复杂的管理变得简单高效，重点解决管理效率、盈利能力和持续发展问题，其核心价值为化繁为简、聚焦重点、倍增效率，其精髓是做到并保持一次就做好，以减少或避免造成不必要的资源消耗。

　　简单管理具有深厚的中国古典哲学基础，融简单之博大，汇管理之精深，传承和发展了中国传统文化在管理实践中的应用。简单管理遵循自然规律，顺应时代潮流，符合中央执政理念，适应企业发展需求，引导企业走向卓越经营之路，支持政府简政放权，高效行政。化繁为简创造无限可能，简单管理成就精彩人生。

党的十八大以来，以习近平同志为核心的党中央明确指出让市场在资源配置中起决定性作用和更好发挥政府作用，深入推进"简政放权"，加快转变政府职能，取得积极成效。如行政审批事项大幅减少、办事效率显著提高、企业税费负担降低、政府服务不断优化。简单管理应用不但在企业"减负增效"方面取得了卓越绩效表现，而且在政府推进"简政放权"方面发挥了积极的作用，获得了显著的效果。因此，简单管理成为近年来非常热门的一个课题，国内著名院校总裁班和政商领袖班，各地方党校、政府公务员干部培训都在引入简单管理应用课程。我根据近年来简单管理应用课程讲座内容编辑完成了这本《简单管理》，旨在让更多的朋友了解简单管理及其应用，加强简单管理的研究和应用推广。

如果全社会都能崇尚简单，凝聚社会资源，培育更多的简单管理人才，成就更多的简单管理组织，各地方政府、各行业企业都能高度重视简单管理应用，大家都习惯采用简单高效的方法来管理，用简单的流程来处理问题，就会形成精简高效的社会，精简高效的政府，精简高效的企业。因此，节约大量的社会资源，让社会治理简单、组织管理简单、工作生活简单，对于助力实现中华民族伟大复兴，具有重大的现实意义和深远的历史意义。

简单管理，可以惠及未来，造福社会，为实现"中国梦"提供核动力！

Tip

在阅读本书之前，请先扫一扫下面的二维码，了解一下自己在管理上都有些什么困惑或需求吧！带着问题看书，效果会更好！

《简单管理》预习提纲

目 录
Contents

第1编 简单管理概述

003　第1章　简单管理解读

003　简单管理的定义

007　简单管理的目的

009　化繁为简的启示

011　没有谁喜欢复杂

012　简单管理备受关注

014　第2章　简单管理背景

014　竞争环境需要

016　组织管理需要

017　生存发展需要

018　身心健康需要

021　第3章　简单管理历史

021　深厚的古典哲学基础

025　化繁为简古有范例

027 历史上的精兵简政

030 近现代的化繁为简

032 简单管理现代思维

033 简单管理发展趋势

035 第4章 简单管理精髓

035 保持一次就做好

037 简化管理方法

038 简化管理职能

042 简单就是力量

044 管理越简单越好

049 第5章 简单管理定律

049 奥卡姆剃刀定律

057 KISS 法则

058 二八定律

063 简单高效定律

068 刺猬理念

070 第6章 是谁制造了复杂

071 帕金森定律

074 组织和规范制造了复杂

076 目标不明确造成了复杂

077 追求完美造成了复杂

077 无效沟通制造了复杂
078 管理者制造了复杂

081 第 7 章 互联网＋简单管理

081 什么是"互联网＋"
086 让创业变得简单
088 让融资变得简单
090 让销售变得简单
091 让管理变得简单
091 让培训变得简单

第 2 编 ▷ 简单管理核心价值

095 第 8 章 化繁为简

096 化繁为简"三要素"
099 裁减影响效率的复杂
105 抛弃没有价值的繁忙
106 跳出瞎忙乎的迷宫

111 第 9 章 聚焦重点

111 抓住事物的关键
112 集中优势资源
113 要忙就要忙在点子上

115　决定做事的先后次序

117　第 10 章　倍增利润

117　利润构成
120　利润倍增

第3编　简单管理操作实务

125　第 11 章　简单管理前提

125　简单管理需要创新思维
129　简单管理需要以人为本
130　简单管理需要提高素质
134　简单管理需要改变规则
135　简单管理需要改变领导
137　简单管理需要充分信任
138　简单管理需要学会授权

140　第 12 章　简单管理要点

140　追求简单高效的工作方法
145　倡导晋升凭能力的绩效理念
147　使用卓越简单的管理工具
152　培养精简高效的动车团队
156　打造简单快捷的发展途径

159　第 13 章　持续发展简单思路

159　持续发展简单思路

161　持续发展关键因素

163　观念决定组织命运

165　观念比资金还重要

167　第 14 章　持续发展的简单途径

167　确定组织的发展目标

173　建立组织利益共同体

176　营造良好的组织环境

177　营造良好的人才环境

178　建立"三位一体"的组织团队

180　营造良好的发展环境

181　塑造优秀的组织文化

184　持续不断的创新突破

 第 4 编　简单管理实践应用

191　第 15 章　寻找复杂：内部管理诊断分析

192　调查研究：寻找复杂

195　实证研究：诊断分析

197　综合研究：存在问题

198　第 16 章　化繁为简：内部管理持续改善

198　裁减过度管理

208　优化过程控制

211　精简组织机构

213　形成自然秩序

215　构建执行文化

217　建立执行文化的要素

221　推行执行文化的原则

224　第 17 章　预防复杂：简单管理体系应用

225　简单管理体系设计

228　简单管理实施流程

230　简单管理体系应用

239　参考文献

241　推荐语

244　作者公司和业务介绍

简单管理 概述 第 1 编
SIMPLE MANAGEMENT

PART ONE

简单 → 单
管理

第1章

简单管理解读

简单管理的定义

简单管理，顾名思义，就是让纷繁复杂的管理变得简单而高效。这就要求我们运用全新的思路，简单的方法、技巧和工具，让复杂问题简单化、简单问题制度化、制度问题标准化、标准问题信息化。需要说明的是：简单管理不是减少管理，更不是不要管理，而是用简单管理方法来管理，用简单的流程来做事。如当年毛泽东主席用"三大纪律，八项注意"，就规范了中国人民解放军的行为，言简意赅，却包含了丰富而深刻的思想内容。对于加强人民军队建设，密切军民关系，增强官兵团结，夺取革命战争的胜利，发挥了重大作用。

简单管理不是对传统管理的否定，而是对传统管理的传承与发展。在某种意义上是一个更高层次的管理，它对管理者提出了更高的要求，也就是说管理者务必提高管理技能和管理水平，才能获得简单高效的管理。

　　简单管理的核心价值就是"化繁为简、聚焦重点、倍增效率"，着重解决"管理效率、盈利能力和持续发展"问题，帮助企业"减负增效，倍增利润"，支持政府"简政放权，高效行政"。

　　简单管理的精髓就是"保持一次就做好"。一次不做好，问题就复杂，就要耗费大量的时间和资源来弥补"一次没做好"的损失和代价。更可怕的是，有些事情一旦发生，根本无法逆转，连改正错误的机会都没有，对企业造成不可估量的损失。从本质上说，保持一次就做好，就是预防问题的发生。所以，简单管理实质上就是"预防问题"的管理，预防问题就是最简单高效的管理。

　　简单管理实践应用的程序就是"寻找复杂，化繁为简，预防复杂"；建立一个"卓越、简单、高效、健康"的运行机制。

　　简单是管理的灵魂，简单让我们自信、让我们和谐、让我们轻松、让我们高效，化繁为简创造了无限可能。化繁为简的智慧造就了诸多著名的全球品牌，反过来说，这些世界著名品牌公司，因为其管理简单，因此，成为了世界500强。凡是成功的企业，其管理都是精简高效的。

　　大家想想看，苹果公司的iPhone（苹果手机）简单吧，过去只有黑白两个颜色，现在多了个土豪金、玫瑰金，它的型号就是1、2、3、4、5、6、7；而诺基亚有多少个型号？估计没有人能说出来，因为它有成千上万个品种、型号。现在诺基亚的手机业务部门哪里去了？被人收购了，可以说是"倒闭"了。虽说被收购并非因为其机型多，但其内部管理的复杂性由此可见一斑。

　　有一本书叫《疯狂的简洁》，这本书把乔布斯的成功归纳为一点，就是"简单"。书中是这样描述苹果公司的："在很多领域，苹果并没有真正从零开始发明产品，苹果吸纳了原本比较复杂的东西，巧妙地把它们变成了简单的东西。"

　　乔布斯重回苹果做的第一款产品是 iMac（苹果电脑），他把几百款产品砍掉，就保留四个产品，最后推出了将电脑主机与显示器合二为一的、既简单又美观的一体机台式电脑 iMac。1998 年，苹果 4 个月销售 iMac 80 万台，成为苹果史上最畅销的一款计算机，从而成功拯救了濒临破产的苹果公司。

　　2001 年，乔布斯为了寻找一款简单功能的音乐播放器，于是 iPod（苹果多媒体播放器）诞生了。在 iPod 设计之初，乔布斯会浏览用户界面的每个页面，并且会做严格的测试：如果寻找某一首歌或者使用某项功能，按键次数超过 3 次，乔布斯便会非常生气。为了将简洁做到极致，乔布斯甚至还要求 iPod 不能有开关键。

　　与 iPod 同时代的索尼当时也出了一款系列产品，叫 Sony Clie（索尼掌上电脑），主要定位于个人数字助理。这款产品是索尼集大成之作，各种高端技术融为一体，可以听歌，可以录像，可以上网……但是最终这款"万能"的产品却败给了功能单一的 iPod。2004 年 6 月 Sony Clie 退出了欧美市场，2005 年 2 月停止了在日本的生产和销售。而苹果公司的 iPod 销量则好得惊人。到 2007 年，iPod 已占苹果收入的 50%。这时候，苹果公司的名字都改了，从 Apple Computer Company（苹果电脑公司）变成了 Apple Company（苹果公司）。

　　这再次证明了复杂不等于成功，而简单等于成功。NIKE（耐克）公司的 Logo（标志）多么简单，打一个钩也一样做成了世界品牌。有些企业花几万、十几万乃至上百万请国外"高大上"的专业设计公司来设计企业标志，其实是太复杂了，没有这个必要。

　　《管理就这么简单》的作者迈克尔·波特指出："简单管理就是在企业的运作过程中，准确找到并把握事物的规律，去伪存真，由此及彼，由表及里，将一个个复杂的工作简单化，然后高效地加以解决。"它是一种把"复杂问题简单化"的思维方式，本质上是一种执行文化。

　　简单管理是一门事半功倍的学问，是管理的最高境界。简单不是一味地"减少"，也并不意味着"放弃"，它需要认真地准备，认真地体会，认真地实践，认真地执行。如此，简单才会出效率，管理才能实现简约、集约和高效。制度和流程的缺陷也会造成管理的复杂，所以，管理有时候需要做"加法"。

　　简单管理是一条与复杂、官僚作风截然不同的思路。它使用适当的手段，遵循化繁为简的原则，直接通向事物的本质，通向成功。简单管理和其他传统管理方法不同，它要求有创新思维，从不同的角度去思考，寻找简单的方法；更要求有不同的领导及组织文化，摆脱完美主义和抛弃没有价值的繁忙。它需要清晰的头脑、权力的分散和健全的理智，需要和谐、信任、享有自由和自主工作。简单需要付出努力，摒弃寻找现成答案的习惯，按照简单原则进行工作改善。

　　简单管理最突出的作用是使事情的本质更加清晰，使本质要点成为行动的核心，使本质事物获得更多的重视和关照。这样，人们就有更多的机会来改善质量、提高产品生产率和实现目标的效率，使人们可以更快、更有把握地达成目标，取得成果。如果本质的事情处于核心位置并得到相应的重视和资源的支持，就可以做到放弃其他不必要的事情。让事情变得更加一目了然，一切都在掌控之中，工作就可以更从容和没有压力，偏离核心的夸夸其谈以及无关紧要的事会显得多余。

简单管理就是在"目标"和"实现目标"的两点之间，找到一条直线的理性管理方式。就是要寻找最直接、最有效的方式，来提升企业的盈利能力和发展能力。

邓志华在其编著的《简单高效的 37 个管理规则》一书中指出：管理并不需要一堆繁冗高深的理论，简单、直接、高效，才是一切管理思想的核心。

迈克尔·波特在其所著的《管理就这么简单》一书中指出：简单管理是中外优秀管理者追求的最高境界。杰克·韦尔奇是 20 世纪当之无愧的优秀领导者。但是，在他眼里，领导是世界上最为简单的职业。他说："多数全球性业务只有三到四个关键性竞争对手，你了解它们的情况。对于一项业务，你没有太多的事情可做，情况并不像要你在 2000 个选项中进行选择那么复杂。"他认为，通过构造一幅前景去领导，然后确信你的员工会围绕那幅"前景"去努力工作，这就是领导的全部。毕竟，经营并不真的那么复杂。

简单管理的目的

简单管理的目的与其他管理方法一样，就是使有限的资源效益最大化。即用最少的资源消耗实现最大利润，最终目的是提高盈利能力和发展能力。

传统管理的目的可分为两大块，即"管人"和"管物"。

先谈管"人"的目的：如果个体经营的你，没有部下，没有团队，你还需要管理人吗？当然不需要。当你是老板，手下就有了助手，有了小团队，这时你就需要管理人了，但不一定需要去学习世界500强的管理制度，包括文字规定与表格。如果照搬那套管理就复杂了。依此可以类推，公司越大，人越多，越需要管理，更需要简单管理。

管理意味着束缚，束缚的对立面便是自由。当人多了，自由就多了，就容易出乱子。为了避免出乱子，就应该束缚一部分人的自由，从而产生一定的次序，出现整齐划一、统一规范的效果，有效提高人的工作效率，这就是管理的直接目的。

管理"物"的目的：就是减少物耗，即提高"物"的利用效率。两者相加衍生出来的就是增加利润。因此，增加利润是管理的本质目的。所以，简单管理的目的就是：以提高企业盈利能力和发展能力为导向的化繁为简。用较少的消耗，获得更多的效益。企业最重要的能力就是"盈利能力和发展能力"。一个企业能够实现简单管理，其直接的效力就是"减负增效、轻装上阵，聚焦重点，倍增利润"。管理越简单，企业赚取利润的能力也就越大。

每一个杰出的演出家，都懂得遵循一个简单易行的规则：每当他们把一首新的乐曲收进自己保留曲目的同时，都要删除一个现有的曲目。他们知道，任何人，涉猎太多的曲目，就会让他们的演奏水平丧失了顶级的品质和高度。一个人要想有更高的成就，其所专注的东西必须简单；一个企业要想获得更长远的发展，更高的效率，其所专注的事业也必须简单。简单和高效，是密不可分的。管理的目的是为了提高效率、挑战高度，任何偏离这种目的的管理活动都是没有意义的。

化繁为简的启示

简单管理可以从爱迪生的故事说起。爱迪生在一百多年前发明了灯泡，他想知道灯泡的容量，便让他一位非常优秀的助手帮他计算一个没有上灯口的玻璃灯泡的容量。过了很长时间，爱迪生已经把自己手上的工作都做完了，助手还没有把灯泡容量的数据送过来。于是，他便来到助手的实验室。进门时，爱迪生看见助手正在桌子旁边忙碌地演算，桌上堆满了很多演算用的稿纸。爱迪生便问他在干什么。助手回答："我刚才用软尺测量了灯泡的周长、斜度，现在正用复杂的公式计算呢。"爱迪生笑了笑，然后对助手说："你可以用简单的方法计算。"说着，他便把灯泡拿到了自己手上，往灯泡里注满了水，然后交给助手说："你把灯泡里面的水倒在量杯里，这样就可以知道灯泡的容量了。"

大道至简。很多事情，不是说你有多高深的知识才能解决，有时候，一个简单的想法就能化繁为简，轻松解决难题。这个故事告诉我们，解决问题有很多方法，既有复杂的方法，也有简单的方法，关键看我们怎么选择，是采用简单的方法，还是复杂的方法。而我们总是有意无意中选择复杂的办法，其实简单与复杂之间只有一念之差。

一个人做事的过程可以体现其智慧。面对纷繁复杂的问题，做事的思维和方法应该从简切入，以简驭繁，化繁为简，避免陷入繁中添乱、漫无头绪的窘境。总之，做事的全部奥秘就在于越简单越好。简单的东西，往往是最有力量的。如果说，四两拨千斤是中国功夫最高境界的话，那么，化繁为简就是实践的最高境界。但遗憾的是，很多人都不知道这样一个事实：问题总是可以用更简单的方法去解决，无论其多么复杂。人们最常见的习惯是，一看见重要的事情，往往会用复杂的方法去解决。结果，事情越做越复杂，最后变得更加困难。事实上，一旦拥有化繁为简的智慧，你自然会进入一个自己都意想不到的广阔天地。

有一天，一个朋友请吃饭。刚到饭桌上，他说："对不起，请稍等我一下，手机没电了，我去停车场车上拿个充电宝。"应该说，回停车场把充电宝拿回来给手机充电，这种解决问题的思路和方法是完全正确的，我们常常也会像他这样做。这是习惯的做法，但不是最简单的方法。像这样的事情常有发生，我们常常有意无意地选择了复杂的方法，而很少有人主动去思考，还有没有更简单的方法？我当时把饭店的服务员叫过来一问：你们饭店有没有 iPhone 6 的充电器？她说有，他们饭店什么充电器都有。于是这个问题几秒钟就解决了，就不用跑去停车场了。这虽只是件寻常的小事，也说明我们平时都不重视"寻找简单的方法"做事，而是习惯性地用大量的"复杂"耗费了我们宝贵的时间。

有很多老板经常会看到这样的销售报表：大量的数据让人头晕脑涨，不知所云，让人看了半天也看不明白。但如果将它转化为图表的形式就不一样了：产品市场分布、产品销售额、销售利润、在哪里做得好、哪个月份做得好、哪个产品利润高，一目了然，阅读的人扫一眼就全明白了，而且不容易忘记。有 70% 的人靠视觉思维，他们对图片的理解速度要远远快于文字。其实，很多事情都存在简单的表达方式和处理方法，但我们很少去思考，去寻找更简单更高效的方法。

简单管理对于不同层次的人具有不同的内容，对于决策层来说，就是用简单的"战略、组织、制度、流程和文化"来管理；对于执行层来说，就是用简单的"思路、方法、技巧和工具"来做事。简单管理的作用对企业来说是着重解决管理效率、盈利能力和发展能力问题；对于政府来说要解决的是"管理效率、行政能力和持续发展"问题；对于个人来说，要解决的是"岗位效率、工作能力和成长能力"问题。

没有谁喜欢复杂

我问过很多朋友，有没有哪位朋友喜欢"复杂"？答案是否定的，没有谁喜欢复杂。可是为什么大家总是不由自主地把事情搞复杂了呢？这是因为，大家对复杂带来的危害与严重后果没有深刻的认识。不知道"复杂"会给我们带来麻烦，让我们失去自信，让我们失去机会。老板们经常为了一个项目要不要上马而召开董事会和各种专题会，设想了很多复杂的问题，讨论研究了大半天，越想越复杂、越想越难做，最后放弃了。过了一段时间后再回头一看，本来是很好的项目却因为复杂化而放弃了，错失良机。有时候，往往因为复杂而使我们错过了很多本应属于我们的东西。对于个人来说，可能会因为复杂失去与人建立联系的机会。比如，一个小伙子搞对象，本来看上了一个姑娘，但因为考虑家庭、经济等各种因素，想多了就搞复杂了，结果不得不放弃，以致后来悔恨终身；对于企业来说，可能会因为复杂失去一个很好的机会，乃至失去未来。复杂最终会成为断送企业发展的罪魁祸首。

复杂还会给我们带来工作量的增加、工作时间的增加，也就增加了经营成本，让我们的盈利能力锐减；特别是复杂让我们繁忙、让我们劳累。长时间劳累就会让身体处于亚健康状态，长此以往，就会生病。如果再继续下去，后果不堪设想。在我们周围，不管是政府公务员还是企业家朋友，他们都是因为复杂而日益繁忙，从而导致过度劳累。他们或许创业成功了、赚钱了、升官了、发财了，最后却中风了，未能享受创业成功的果实，甚至造成过劳死。所以说，复杂的后果很严重。

简单管理备受关注

让我们欣慰的是越来越多的朋友崇尚简单，加入了学习和了解简单管理的行列。

简单管理成为政府推进"简政放权"全面深化改革的重要举措。中国人民大学商法研究所所长刘俊海表示，简政放权是全面削减和约束政府审批权、全面重构公权力、提升政府公信力的重大制度创新，蕴含着改革创新的巨大正能量。简单管理助力政府简政放权，高效行政。

习近平主席在党的十九大报告中指出："转变政府职能，深化简政放权，创新监管方式，增强政府公信力和执行力，建设人民满意的服务型政府。赋予省级及以下政府更多自主权。在省市县对职能相近的党政机关探索合并设立或合署办公。深化事业单位改革，强化公益属性，推进政事分开、事企分开、管办分离。"如何贯彻落实十九大精神，建设人民满意的服务型政府？简单管理提供了一个全新的思路、方法、技巧和工具，支持政府简政放权，高效行政。

第十三届全国人大第一次会议批准了国务院机构改革方案。进一步精简了机构，优化了职能，除国务院办公厅外，国务院设置组成部门 26 个，国务院正部级机构减少 8 个，副部级机构减少 7 个。

　　国内最大的民营企业华为公司原董事长任正非在 2015 年华为的年会上也表示：华为未来 5 年有效增长的核心措施就是"聚焦战略、简化简单"。把工作变得简单一些，要减少在管理中不必要、不重要的环节，否则，公司就不能高效运转。

　　关于董明珠种种"铁腕""霸道""强势""执拗"的故事，已经在中国家电行业中流传甚广。36 岁南下打工，18 年间，从最底层的业务员一直做到格力总裁，对于董明珠来说"很简单"。在她眼里，其职业生涯里一切东西都很简单，而往往简单的招式练到极致就是绝招。所以，格力只奉行"简单"两个字。

思考题

一、什么是简单管理？

二、简单管理的核心价值是什么？

三、简单管理的精髓要点是什么？

第2章

简单管理背景

　　简单管理应用涉及各行各业，不管是企业内部管理，还是政府社会治理，是制造业还是服务业，包括银行、学校、医院都具有简单管理的需求。企业需要减负增效，倍增利润，政府呼唤简政放权，高效行政。提高管理效率，增强盈利能力，加快发展速度，是企业内部管理的刚性需求，是管理者共同的愿望和责任。学习简单管理及导入简单管理卓越绩效模式，有如下四个方面的理由：

竞争环境需要

　　竞争环境是指组织管理者必须面对的竞争者数量和类型以及竞争者参与竞争的方式和方法。竞争是不可避免的，尽管组织管理者无法控制这些竞争因素，但他们可以选择避免正面交锋或其他竞争策略。

　　近年来，在新常态政治、经济环境的影响下，国内外政治和经济形势急剧变化，互联网浪潮席卷而来，大量错综复杂的新问题、新矛盾层出不穷，如：市场萎缩、成本倍增、资金短缺，人才流失、执行力下降、盈利能力锐减等，使许多组织迷失了方向，搞得企业家焦头烂额。于是，管理者只好使出种种绝招，造成"过度管理"，以致机构臃肿、流程繁冗、人员剧增，内部管理日趋复杂。

面对瞬息万变竞争激烈的市场环境，迫使我们寻找新的管理理念，引入新的管理方法，以适应不断变化的形势。一切都在发生变化，坚持抱守老一套的管理理念，企业将步履维艰。新时代的经理人必须清楚：曾经使企业成功的那些管理理念，在今天已经未必有效了。过去的知识在于积累，读书多知识就多，在这种情况下，硕士、博士比我们懂得多；现代的知识在于检索，想知道什么都可以通过网上检索，获取新的知识，在这种情况下，硕士、博士不一定比我们懂得多。与培根爵士所处的时代已经大不一样了，这是个知识更新迅猛，信息资讯爆炸的互联网时代，面临的是全球环境下的新经济、政治常态，只有当你知道如何运用掌握的"知识"，从容应对纷繁复杂的事物时，"知识"才能成为"力量"。这种力量的基础，在于"化繁为简，聚焦重点"，在于从周围多得令人窒息的"知识"中找到关键信息，并快速理解应用的能力。这是一种"以简驭繁"的能力，是一种由"知识就是力量"上升为"简单就是力量"的能力。

目前，企业竞争环境出现了急剧的变化，行业结构、竞争格局、消费者需求、技术发展等都发生了急剧的变化，不确定性增强。任何企业都必须时刻关注环境的变化，快速反应，精准决策，才能趋利避害。任何对环境变化的迟钝与疏忽都会对企业造成严重的甚至是决定性的打击，导致管理者因为工作繁忙和劳累而疲于应付，这是催生企业管理创新需求的主要原因。那么，该如何让组织管理者从这种复杂劳累的管理事务中解脱出来？《简单管理》一书提供了一个全新的思路、方法、技巧和工具，避开影响效率的复杂，抛弃没有价值的繁忙，跳出瞎忙乎的迷宫。让管理回归简单，减负增效，轻装上阵，精准决策，快速反应，轻松管理，高效运作。通过"寻找复杂，化繁为简，预防复杂"三个简单程序，建立一个"卓越、简单、高效、健康"的运行机制，将复杂问题简单化，简单问题制度化，制度问题标准化，标准问题信息化，使组织中繁杂的内部管理变得简单而高效；做到并保持一次就做好，变发现问题、解决问题为预防问题，避免或减少不必要的资源浪费；有效提高管理效率，增强盈利能力和持续发展能力。

组织管理需要

简单是管理的灵魂，简单让我们自信，简单让我们轻松，简单让我们和谐，简单让我们高效。化繁为简创造了无限可能，造就了诸多的全球著名品牌，可以说：凡是成功的企业，它的管理都是"精简高效"的。

老子说：大道至简。世界上一切事物的本质都是简单的。当然，管理的本质也是简单的。面对复杂多变的外部环境和繁杂的内部管理，组织管理者，特别是高层管理者只要能透过现象，把握事物的本质，就能让纷繁复杂的管理变得简单高效，就能采取简单有效的手段和措施去解决复杂的问题，并建立使管理简单化的运行机制，这是组织能持续发展的不二法门。当组织处于一个纷繁复杂的环境时，采取"从简切入，化繁为简，以简驭繁"的思路和方法，往往可以避免添乱，巧妙地化解矛盾，从而起到神奇效果。

企业在经营和组织管理上，要变得精简高效，最有效的方式就是诸事简洁。德国人和日本人的商业成功之道，让人们认识到，组织经营的高效来自于简洁。他们明白，商业上的最大错误就在于人们把问题过于复杂化了，忘记了成功的最重要因素是常识和简单。

著名的"二八法则"指出：在因与果、投入与产出、努力与收获之间，本来就存在着不平衡的关系。典型的情况是，80% 的收获来自 20% 的努力。所以，经理人在从事管理活动的时候，要遵循 20 / 80 原则，聚焦重点，突出优势，把 20% 的工作做好。具体到管理上就是：管理有技巧，越简单越好。有人说："四两拨千斤"是中国功夫的精髓。那么，"化繁为简"就是管理实践中的至高境界。

生存发展需要

在危机四伏、瞬息万变的环境之中，企业管理者如何运筹帷幄、决胜千里？在经济全球化、竞争白热化的今天，又如何生存发展、永续经营？在形形色色的企业"复杂病"面前，如何增强抵抗力、提高免疫力？在跨界打劫层出不穷的移动互联网时代，如何不被他人颠覆？这些问题经常困扰着我们，让我们寝食难安，而日趋复杂的管理事务更让我们管理者不堪重负，日益繁忙和劳累，然而公司的发展却不尽如人意，经营业绩甚至持续下降。因此，企业的生存发展必须减去一些不必要的负重，简化流程来提高效率。作为一名优秀的管理者，必须千方百计删减一些牵制工作效率的障碍，化繁为简，毫不犹豫地将那些侵蚀我们利润的"复杂"抛弃。

这是一个追求简单的时代，无论在生活还是在组织管理上，大家都以简单高效为目的，越来越多的人崇尚简单，向往返璞归真，追求简单自然的生活。简单管理与其他管理理念一样，都是推动事业成功的力量，成为当今助力企业持续快速发展的重要课题。

随着国家"一带一路"倡议的提出，作为市场主体的企业将迎来新的发展机遇。如交通运输业将成为重点，基础设施建设需求旺盛，文化产业发展潜力巨大，旅游发展将成为新热点，国际贸易将进一步拓展，金融产业将得到提升，生态产业获得新的发展空间，资源能源开发与利用迎来新机遇。企业要在"一带一路"这个大市场中有所作为，还应采取必要的对策和措施，要有卓越的领导、有效的战略规划、敏捷的市场反应、高效的资源利用、简单的作业流程、持续的创新体系，即建立卓越、简单、高效、健康的运行机制，才能创造机会，把握趋势，获得新的发展空间。

简单管理支持企业"减负增效，聚焦重点"，有效提升盈利能力和发展能力，助力企业"做大、做强、做快、做长"，引导企业走向卓越经营之路，成就非凡业绩，打造商业帝国。同时支持政府简政放权，高效行政，改善社会治理，节省社会资源，提高行政能力，凝聚民心，加快发展。

身心健康需要

复杂不仅影响效率，侵蚀利润，而且容易造成没有价值的繁忙，就是没事找事，瞎折腾，瞎忙乎，不但消耗时间和资源，增加管理成本，侵蚀利润，而且伤害管理者身心健康。目前，许多上班族、创业者、企业中高层管理人员，特别是企业家和政府公务员，每天朝九晚五地繁忙工作，有时晚上还要加班加点，身体经常超负荷工作，已经身心疲惫。如果我们再人为地制造"复杂"，势必引发更多的"繁忙"，过度的繁忙就会造成过度的劳累，导致身体亚健康。

有医学专家指出，目前中国"亚健康"人群比例高达 70%。世界卫生组织根据近半个世纪的研究成果，将"健康"定义为"不但身体没有疾病或虚弱，还要有完整的生理、心理状态和社会适应能力"。据专家介绍，中国符合世界卫生组织关于健康定义的人群只占总人口数的 15%。与此同时，有 15% 的人处在疾病状态中，剩下 70% 的人处在"亚健康"状态。通俗地说，就是这 70% 的人通常没有器官、组织、功能上的病症和缺陷，但是自我感觉不适，疲劳乏力、反应迟钝、活力降低、适应力下降，经常处在焦虑、烦乱、无聊、无助的状态中，感觉活得很累。专家指出，亚健康状态多种多样，几乎每种疾病都可能有与之相近的亚健康表现。医学界、教育界都要求将工作的重点从单纯的防病、治病转到关注健康、关注亚健康上来。简单管理倡导简单高效的工作方法，旨在"抛弃没有价值的繁忙"，其目的就是把 70% 的亚健康人群争取到健康队伍中来，因此，简单管理也是健康管理的需要。

可以说，复杂的后果很严重。复杂造成繁忙，繁忙带来劳累，过度劳累带来了亚健康，亚健康再往前走就变成了不健康，也就是累病了。在我们的身边有为数不少的朋友，他们艰苦创业成功，赚钱了，升官了，发财了，最后中风了，为成功付出了不必要的健康代价。根据中国企业家调查系统发布的《中国企业经营者成长与发展专题调查报告》的调查结果显示，87.4%的企业经营者感到"繁忙劳累，压力很大"。企业家因过度劳累英年早逝的事件也屡屡发生，一个个企业家离去的背后，大多有"过劳死"的身影。近年来因为过度劳累导致的突然死亡事件正不断给中国的企业家群体敲响警钟。因此，简单管理应用推广更重要的理由是"健康的需要"，就是让"纷繁复杂"的管理变得"简单高效"，让更多的创业者和管理者从繁忙劳累的日常管理事务中解放出来，简单管理，轻松创业，高效工作，享受成功。

综上所述，简单管理"遵循自然规律，顺应时代潮流，符合中央执政理念，适应企业发展需求"。简单管理的研究和应用推广，是大势所趋，人心所向。它不仅是组织环境的需要，管理的需要，生存的需要和发展的需要，更重要的是管理者健康的需要。它能帮助管理者"抛弃繁忙、减轻压力、保障健康、成就事业"，同时，助力企业解决"管理效率、盈利能力和持续发展问题"，支持政府"简政放权，高效行政"。

思考题

一、简单管理实践应用的背景是什么？

二、简单管理应用推广的重要理由是什么？

第3章

简单管理历史

深厚的古典哲学基础

八卦图的发展演变伴随着中华文化五千年的发展变化，历朝历代的人们都对八卦图有着深刻的研究。八卦代表了中国古代的哲学思想，除了占卜、风水之外，影响涉及中医、武术、音乐、军事等方面，时至今日，对研究中国哲学发展仍然有着重要意义。通过对八卦图的了解研究，对进一步了解易学、中国哲学和传统文化在管理实践中的应用有着很好的指导作用。八卦源于中国古代对基本的宇宙生成、相应日月的地球自转（阴阳）关系、农业社会和人生哲学互相结合的观念，是中国古代哲学观念精华的集合，是对宇宙空间简单的高度概括，凝聚了祖先"化繁为简"的智慧。因此，简单管理在中国古代就有了深厚的哲学基础。《易经》就是代表作，早在3000多年以前，我们的祖先就有了化繁为简的智慧。一张八卦图就概括了整个宇宙空间的奥秘，这是高度的化繁为简。

　　《易经》是万经之首，自古以来被称为经典中的经典，哲学中的哲学，科学中的科学，它揭示了事物内在的发展规律。《易经》中有三易，其中第一就是简易，简易是《易经》的本质属性。《易经》的"简易"认为万事万物都是非常简单的，其特征物质都十分清楚，特别是经文也十分精练简单。所谓"简易的原则"是指求简和求易，这是科学的办事方法和精神。《易经》系辞曰："易则易知，简则易从，易知则有亲，易从则有功。有亲则可久，有功则可大，可久则贤人之德，可大则贤人之业，易简而天下之理得矣。"

　　所谓"易则易知，简则易从"，是因为《易经》最高深的地方非常简单，非常简单大家才容易了解，才能够实行。所以古人就那么简单地画了八个卦，万事万物便都在其中了，用不着思想逻辑。因为易知，大家才喜欢，像吃饭，大家都知道，因为容易嘛！大家才有兴趣，有了兴趣去做，便会有成就。

　　什么叫简易？我们拿一样东西来说明，就是我们天天要用的筷子，这样大家就容易明白了。你要教你的小孩《易经》，也不妨从筷子开始。两只筷子就是一阴一阳，合起来就是太极。我们用筷子，往往是一根不动一根动，不会两根筷子都动或者都不动。拿起筷子，看准目标，两根筷子一个不动，一个动，两相配合，就马上夹到菜了。这就是"一阴一阳之谓道"。我们天天用筷子，却不知道筷子也蕴含着《易经》的道理。简单明了，方便携带，而且容易操作，这些都是筷子本身的特性。所谓"简"，就是不要把事情搞得太复杂。

　　《易经》中的人、事、物、数等都具有广泛的代表性，都是简单明了。《易经》，用一个圆及一条曲线，将阴阳配合、将宇宙运转的真相如此简易地呈现出来：现实世界中的一切，不管多小、多大，都是阴、阳配合着在运作、在演变的。科学家一直在最微观层次研究、探索。他们发现，在目前所知的最微小的粒子——夸克之下，还有更微细的粒子。但不管他们探究到多么微细的粒子，都会很惊讶地发现，它都是阴阳并存的。

简单管理是管理发展的方向，管理的制度化、规范化、标准化、信息化、普及化，是"简易"的路径。只有了解企业组织的基因密码结构、基因代谢规律、基因进化规律，才有可能实现"简单化"。而《易经》为此提供了丰富的数学模型和理论模型，可供管理者借鉴。

2500多年前，老子将化繁为简的智慧发扬光大。老子在《道德经》里就说过"大道至简"，也就是说大道理（基本原理、方法和规律）是极其简单的，简单到一两句话就能说明白。所谓"真传一句话，假传万卷书"。真正的智慧就是洞察事物的本质和相互关系，世界上一切事物的本质都是简单，但本质的来源却是错综复杂的。

大道至简意味着"少而精"，博大精深意味着"多而广"，大道至简与博大精深是一对矛盾，是一体的两面。大道至简与博大精深是可以转化的，大道至简往往要博采众长，与其他专业融会贯通，而融会贯通又会造成新的"博大精深"。融贯中西、博采众长只是基础，还不是大道至简，大道至简必须再整合创新，跳出原来的框框，去粗取精，去伪存真，抓住要害和根本，挥动奥卡姆剃刀，剔除那些无效的、可有可无的、非本质的东西，融合成少而精的东西。所谓"为学日增，为道日减"就是这个道理。

"治大国，若烹小鲜"，这是出自老子《道德经》中的一句名言。《道德经》是先秦道家代表人物老子的思想著作，虽然只有短短五千言，却是上可治国、下可治身的智慧宝藏，被朱元璋誉为"王者之上师，臣民之极宝"，被黑格尔叹为"东方古代世界的代表"。更有联合国教科文组织统计，《道德经》是除了《圣经》以外，被译成外国文字且发行量最多的文化名著。

由此可见，仅五千字的《老子》虽短小，却何等思想精妙、博大精深。

"治大国，若烹小鲜"就是道家老子极具代表性的治国理念。老子崇尚清静无为，所谓"道常无为而无不为"。他号召管理者，与其朝令夕改地"乱为"，不如拱手而治地"无为"。天下万物、社会发展都自有其规律，只要顺从规律趋势、守住大道方向，就掌握了治国的大智慧。这就是"侯王若能守，万物将自化"。管理者只要能坚守事物发展规律，管理对象就能自然而然地去自我成长、自我发展。

而"治大国，若烹小鲜"这句话，正是老子这种"无为"理论的形象化表述。小鲜，就是小鱼。有烹调经验的人都知道，煎煮小鱼最是要耐心细致，如果大翻大炒就容易把鲜鱼弄碎。而"烹"这个字也正体现出切勿轻举妄动的审慎态度，"烹"是小火慢炖、不是大火爆炒。

治理大国，很多人认为应该气势磅礴地大刀阔斧、铁马金戈，然而老子知道大国之乱，更加祸国殃民，因而在治理时更该顺势而为，更要谨慎小心，所以他以"烹小鲜"的动作来比拟治理国家之严谨慎重。

在过去漫长的岁月里，"无为而治"创造过灿烂的时代。如唐朝，大体上是无为而治、国力大盛的时代。唐太宗秉持"自然安静"的做法，到了贞观年间，国力大增。老子主张"以正治国，以奇用兵，以无事取天下"，倡导恢复原始社会淳朴的"慈孝""忠信"等，反对暴力、重税和滥政。所以，好的统治者悠闲无为、慎言谨令。在社会实现一定目标后，百姓们会说："这是我们自己这样做的。"就像中国人过春节、过中秋，天下同庆，"千门万户曈曈日，总把新桃换旧符"，又有谁刻意为之，又有谁发文件了？民间自有千年习俗形成的自然秩序，缤纷而多彩。

"道常无为，而无不为"，无为而"自化"。以"无为"之道临治天下，反而可以无为达有为，无为而无不为，趋利避害，实现民众的福祉。"无为"就似一碧如洗的晴空，湛蓝湛蓝的，没有乱云飞渡，没有多余的东西。

化繁为简古有范例

早在东汉末年，小小年纪的曹冲就有了化繁为简的智慧。

有一天，吴国孙权送给曹操一头大象，曹操十分高兴。大象运到许昌那天，曹操带领手下和小儿子曹冲一同去观看。众人都没有见过大象，只见这大象又高又大，光腿就有大殿的柱子那么粗，人走近去比一比，还够不到它的肚子。曹操对大家说："这头大象真是大，可是到底有多重呢？你们哪个有办法称它一称？"

嘿！这么大个家伙，可怎么称呢！大臣们纷纷议论开了。

一个说："只有造一杆很大的秤来称。"另一个说："这可要造多大的一杆秤呀！再说，大象是活的，也没办法称呀！我看只有把它宰了，切成肉块来称。"他的话刚说完，所有的人都哈哈大笑起来。大家说："你这个办法呀，真叫笨极啦！为了称称重量，就把大象活活地宰了，不可惜吗？"

　　大臣们想了许多办法，一个个都行不通，真叫人为难了。这时，从人群里走出一个小孩，对曹操说："爸爸，我有个法儿，可以称大象。"曹操一看，正是他最心爱的儿子曹冲，就笑着说："你小小年纪，有什么法子？你倒说说，看有没有道理。"曹冲把办法说了。曹操一听连连叫好，吩咐左右立刻准备称象，然后对大臣们说："走！咱们到河边看称象去！"

　　众大臣跟随曹操来到河边。河里停着一只大船，曹冲叫人把象牵到船上，等船身稳定了，在船舷上齐水面的地方，刻了一条线。再叫人把象牵到岸上来，把大大小小的石头，一块一块地往船上装，船身就一点儿一点儿往下沉。等船身沉到刚才刻的那条线和水面一样齐了，曹冲就叫人停止装石头。大臣们睁大了眼睛，起先还摸不清是怎么回事，看到这里不由得连声称赞："好办法！好办法！"现在谁都明白，只要把船里的石头都称一下，把重量加起来，就知道象有多重了。

　　秦国统一六国后，面对国家领土的急剧扩张、文化的巨大差异，以及激增的人口数量，要朝廷完成繁重的普法任务几乎不可能，客观上也造成了"无法可依"的社会现实。在这种情况下，胥吏阶层实际上成为法律的解释者和执行者。这样一来，就造成了"天子之权，倒持于掾史"的局面，同时也导致了普遍的社会贪腐行为。要改变这种官员反受制于胥吏的局面，王夫之指出："宽斯严，简斯定。"提出了"简法"，就是首先简化法律条文，像刘邦"约法三章"一样清楚明白，保证法律的宣传和普及，增加行政和法制的透明度、公开性，让老百姓知道国家的法文要义，而不至于在学法用法时，陷入条款之中。政府只有真正做到"简法",才能做好"普法"。"惟简也,划然立不可乱之法于此,则奸与无奸,如白黑之粲然。民易守也,官易察也。"因此,加大了法律的普及力度,达到"民易守、官易察"的社会效果,减少胥吏执法谋私的暗箱操作空间,使其"无所用其授受之密传"。王夫之认为,"简法"对防治胥吏贪腐有明显的效果。

唐朝的中央政府实行六部制,比汉朝的十三曹整整少了 7 个部门,是一次很大的部门精简行为。李世民用官非常之少,贞观年间,中央机构中的文武官员最少时只有 643 人,全国仅 7000 余人,这应该是历朝人数最少的政府了。据明末学者朱国桢的统计,唐代需财政负担的官员总数最多时约为 1.8 万人。

历史上的精兵简政

公元 25 年,汉高祖九世孙刘秀推翻了王莽政权,建立起以洛阳为政治中心的东汉王朝,是为光武帝。由于连年战争和灾患,"百姓虚耗",大片土地荒芜。建武六年(公元 30 年)六月,光武帝下诏:"夫张官置吏,所以为民也,今百姓遭难,户口耗少,而县官吏职,所置尚繁,其令司隶、州牧各实所部,省减吏员,县国不足置长吏者并之。""于是并省四百余县,吏职减损,十置其一。"次年三月,光武帝又下诏:"今国有众军,并多精勇,宜且罢轻车、骑士、材官(供差遣的低级武官)、楼船士(水兵)及军假吏(临时代理职务的军吏),令还复民伍(复员当老百姓)。"这就是中国历史上最早的精兵简政。

光武帝实行精兵简政,裁掉了大批冗官冗兵,节约了国家开支,减轻了百姓负担,而且为农业增加了不少劳动力,促使农业生产很快得到恢复和发展，粮食储备大大增加。另外，光武帝诏令田租由十税一改为三十税一，恢复景帝时的旧制。同时还诏令郡国凡有余粮者，要赈济老年人和鳏、寡、孤、独以及无依无靠的病人和穷人，各级官吏应认真负责地办好这件事，不得失职。

据《后汉书·百官志》记载："世祖（光武帝）中兴，务从节约，并官省职，费减亿计。""四海从风，中国安乐者也。"光武帝的儿子明帝继位，"遵奉建武制度，无敢违者。……故吏称其官，民安其业，远近肃服，户口滋殖"。

史籍还说："是时，天下安平，人无徭役，岁比登稔，百姓殷富，牛羊被野。"由此说明，精兵简政对政权的巩固，生产的发展，社会的安定，都起了重大作用。

东汉以后，有不少明主贤臣和有识之士，都把光武帝首倡的精兵简政视为治国安民的良策，效法实行后，也都取得显著成效。

公元 583 年，也就是隋文帝统一中国的第三年，兵部尚书杨尚希上疏言："当今郡县，倍多于古，或地无百里，数县并置；或户不满千，二郡分领；具僚以众，资费日多；吏卒增倍，租调岁减；民少官多，十羊九牧。今存要去闲，并小为大，国家则不亏粟帛，选举则易得贤良。"隋文帝认为杨尚希的意见切中时弊，便把地方组织由州、郡、县三级制改为州、县两级制，撤销了 500 多个郡，还合并了一些州、县，裁减冗员，节约了国家开支，减轻了百姓负担，加强了中央对地方的控制。据《隋书·高祖本纪》记载：隋文帝"躬节俭，平徭赋，仓廪实，法令行，君子咸乐其生，小人（百姓）各安其业，强无陵弱，众不暴寡，人物殷阜，朝野欢娱，二十年间天下无事，区宇之内晏如也"。这虽多溢美之词，但由于精兵简政，国家日益富庶则是史实。"官在得人，不在员多。"这是一代明君唐太宗对用人数量与质量关系的辩证思想。他的机构改革和精简官吏行为，就是建立在这一辩证思想基础上的。

贞观元年（公元 627 年），唐太宗鉴于"州县之数，倍于开皇、大业（隋文帝、炀帝年号）之间""民少吏多，思革其弊"，乃命所司"大加并省"，为裁减地方官员做了准备。他对房玄龄等大臣说："致治之本，惟在于审（意为精简）。量才授职，务省（减省）官员。故《书》称：'任官惟贤才'。"又云："官不必备，惟其人，若得其善者，虽少亦足矣。其不善者，纵多亦奚为？"在唐太宗"量才授职，务省官员"的思想主导下，中央机构官员由 2000 多人裁减为 643 人。而且，他还规定：自后倘有乐工、杂类而技艺超群者，只能赏赐钱物，不得超授官爵。对"宗亲及以勋旧无行能者，终不任之"；对"年高及耄（80岁以上）或积病智昏"的官员，就安置他们退休，以免"久妨贤路"。

元代学者戈直在注释《贞观政要·择官》时高度评价说："尝论贞观之善政，当以省官为首。何也？易于选择，上不至于失人；俸禄易供，下不忧于厚敛；权任专一，无避事苟免之患；员数不多，无纷更生事之忧。官冗则四者反是。"还说："太宗何以致是（省官）哉？其大要有二：一曰息奔竞（即"跑官"），二曰裁嬖幸（靠关系受宠幸而当官者）。……盖奔竞之风盛，则员多而缺（官职的空额）少，官不得不增也。嬖幸之门多，则私恩无所施，官不得不增也。斯二者，省官之本也。"戈直这番评论，可谓剖析入微，鞭辟入里。而今观之，对于我们实行体制、机构改革，人员分流，提高效率，亦颇有参考价值。

近现代的化繁为简

古代的故事太遥远，我们不妨看看近代的化繁为简。孙中山先生创"知难行易"学说，即在勉励国人"不畏难，要力行实践，才能建设现代化国家"。如何才能做到简易呢？在生活上，要避免奢华浪费；在工作上，应有计划、有步骤，讲求科学方法，打破一切困难；在学习上，要了解事物的道理、构造。总之，化繁为简，心存易，则何难之有？只要下定决心，有志者事竟成。

在抗战时期，毛泽东同志为了改进机关主义、形式主义、官僚主义，就提出过"精兵简政"，而在改革开放的历史进程中，行政体制改革的重点也是简政放权。毛泽东在延安财政经济严重困难时期，积极采纳了党外人士李鼎铭提出的"精兵简政"的建议，正确地分析了当时的困难和形势，辩证地认识到"精兵简政"的好处，认真地进行了"精兵简政"工作，促进了当时革命工作的开展。这一历史事件虽然已经过去了70多个春秋，但"精兵简政"的思想和实践成果仍然熠熠生辉，对于今天仍有一定的借鉴意义。

毛泽东用"三大纪律、八项注意"一首歌就把人民军队管理得井井有条，而有些企业"建立健全"了很多规章制度，几个文件柜也装不完，有些企业的岗位职责就写了20多条，但人们能记住几条？又能做到几条？所以，制度不在于"健全"，而在于"有效"，越简单越容易做到。比如，一般的岗位职责有5条就足够了。为什么我们的手指只有5个？因为多了就难以管理了。

20世纪八九十年代，邓小平用"改革开放"就搞活了中国经济，用"一国两制"就搞定了香港回归的问题。

有人说"简单管理不简单",如何"把复杂问题简单化"?这是简单管理应用的关键问题。老子说"大道至简",世界上一切事物的本质都是简单的。当然,管理的本质也是简单的,只要找到了事物的本质,就可以化繁为简。

凡事要抓住事物的本质,这样很多复杂的事情就很容易看得明白,也就会少走很多弯路,很多不理解的事情也会显得不那么难以理解。很多事情原本并不复杂,是被人为包装得很复杂,目的就是为了把大多数人绕晕。有一些看似很简单的事情,但背后却有很复杂的关系存在,比如百度,就一个搜索框,用起来很简单,但全球能把搜索引擎做好的也没几家。

相比搜索方面的复杂性,我们身边很多看似复杂的事情或许并没有那么复杂,所以我们需要有一颗发现事物本质的心。

发现事物的本质,换个角度去思考结果就不一样了。

网上有个段子挺有意思,说一家自行车厂商库存 10 万辆卖不出去,很愁呀,于是请教高人怎么才能把这 10 万辆车的库存销售出去。高人给出了个主意,把 10 万辆车都扔大街上,1 块钱一小时往外租,但使用前需要先交 299 元押金。于是厂家收到了 10 万辆 × 299 元 ×N 次的押金,并且这个 N 还在不断增长。

所以有些事情想不明白,换个角度想想或许就更简单、更容易明白了。

这就是一种解决复杂问题的思路:不管问题多么复杂,只要找到事物的本质，就一定能找到简单的解决办法。

简单管理现代思维

简单管理是一种古老而又崭新的管理思维与实践，是一种让复杂管理变得简约、集约与高效，从而提升企业盈利能力和发展能力的管理理念与实践。在现代各家各派的管理思维中，有很多思想或者方法，无不体现着"简单管理"这一古老而又崭新的管理思维和实践。

例如众所周知的核心竞争力理论。这一理论是美国著名管理学者加里 · 哈默尔和普拉哈拉德于 1990 年提出来的，当时以《企业核心竞争力》一题发表在《哈佛商业评论》上，所谓"核心竞争力"，就是企业在把握事物本质和规律的基础上，培育和构建企业独特的核心专长与技能，形成不可替代的独特的竞争优势。

而像人本管理思想的核心要义是指企业要尊重人性，以人为本，管理不是束缚人而是要充分释放人的内在潜能，激发员工自动自发地努力工作，从而减少监督与管理成本。

组织与流程再造的核心思想是组织和流程的运行要基于客户一体化运作，要精简机构，减少中间环节，组织要扁平化，要面向客户缩短流程、简化流程；要对资源进行集约、集成管理，要消除组织内部的信息孤岛，通过零距离沟通实现组织无缝隙连接。

学习型组织理论则倡导组织要建立内生的经验与知识管理系统，在持续的组织变革与创新中实现组织与个人的超越。实际上，这些前沿的管理理念与思维，同简单管理的思想精髓是一脉相承的。

除此之外，美国平衡记分卡协会主席、平衡记分卡的创始人罗伯特·卡普兰所提出的"平衡计分卡"理论中有一个"KISS 原则"。所谓"KISS 原则"就是"Keep It Simple and Stupid"（简单化，傻瓜化）。其中强调了 7 个方面：

» 较简单的系统更容易整合建立、构造、增加和维护。

» 较简单的解决方法总是更高效。

» 较简单的也较便宜。

» 较简单的系统可能被更快地实现，关键是更快获得回报。

» 较简单的方法使用者更喜欢。

» 较简单的系统更容易分阶段执行。

» 较简单的系统更容易被使用者了解。

上述这 7 个方面本质上也是一种简单管理的思维。

简单管理发展趋势

简单管理是组织管理发展的大趋势，其核心观念和中国老子"无为而治"的思想有暗合之处。道家主张的"无为"，初始是指"天道"不可违，人在自然规律面前只能尊重它。在管理活动中，也要遵循规律，否则就会适得其反，深受其害。"无为"并非是什么都不干的无所作为，而是强调用一种自然的态度去做事。老子认为，任何事物都应当任其自身的趋势去发展，无需用外界的力量加以制约。

管理学同其他学科不同，它不仅要求管理者认同，也要求被管理者认同。被管理者对复杂的知识系统不感兴趣，他们需要的是简单的可以操作的知识。因此，管理者还需要把这些知识化成简单的行为准则，并使之成为整个团体共同的准则。复杂的管理容易使我们失去目的，而它本来应该是非常明确和简单的。人们重新认识到，简单是金，不论在生活或管理中都应该坚持这一态度。于是，管理学界就有了这样一种声音，呼吁将管理知识变成简单的便于操作的知识，将管理过程变成简单的便于管理者和被管理者理解和运作的过程，相应地就提出了"朴素管理""精简管理""简约化管理"和"简单管理"的概念。

企业持续、快速发展需要"减负增效、聚焦重点、倍增利润"，开启腾飞之旅，踏上卓越经营之路，助力企业成就非凡业绩，打造商业帝国。深圳华为前董事长任正非在2015年公司年会上说："战略聚焦、简化管理，这是我们未来5年实现有效增长的核心措施。"格力电器董事长董明珠说：格力只奉行两个字，就是"简单"。

简单管理成为近年来管理界的一个热门话题，它的兴起，反映人们对当今越来越复杂的管理实践和越来越高深的管理理论的反思和质疑。越来越多的管理者开始推崇简单管理，致力于简单管理的研究与应用推广。简单管理必将成为未来管理模式创新的主流。

思考题

一、《易经》中的简易原则是什么？

二、古代"化繁为简"的智慧故事有哪些？

三、为何越来越多的人崇尚简单？

第4章

简单管理精髓

　　第一次就把事情做对、做好，永远是最简单、最有效率的管理方法。一次就做好，就是第一次就把事情做到符合要求。如果一次没做好，事情就复杂了，特别是制造型企业，一次没做好，就需要返工重做。有些问题可能是无法逆转的，不可以返工，因此增加了新的复杂，我们就要花费更多的时间和消耗更多的资源去弥补一次没做好的过错和损失。如产品制造一次没做好，产品卖出去了就会造成客户投诉、退货或是货款回收困难等一系列问题，如果一次没做好造成了事故，其损失将是无法估量的。

保持一次就做好

　　简单管理的精髓就是：保持一次就做好。为了一次能做好，我们就必须做到：事前有计划、过程有督导、结果有考核，才能一次就做好。事前没有计划，就会杂乱无章，迷失方向，就是常说的没有准备，就准备失败。没有过程中的监督和指导，计划就会落空，所以"过程督导"很重要，这是管理的关键环节，也是管理的重点；没有结果的考核和考核结果的应用，就不知道是谁做好了，谁做坏了，也就谈不上有效激励。

在实际工作中，盲目地"忙"是没有任何价值的。相信每个人"忙"的目的都是创造价值，而不是忙着制造错误或改正错误。第一次就把事情做好是创造价值的前提，是避免以后更大的麻烦和造成更大损失的主要方法。第一次没把事情做好，就会带来更多的复杂和繁忙，接下来就有可能陷入不停地制造问题和解决问题的恶性循环之中，耗费更多的资源和时间来弥补一次没做好的损失和代价。特别是当你急着解决问题时，很有可能会忙中出错，制造新的问题，这样一来，恶性循环的死结就越缠越紧了。更可怕的是，有可能因为你犯的这一次错误而不仅使自己忙个不停，还使公司其他人随你一块儿忙，从而不可避免地给公司带来巨大的人力、物力和财力等资源的浪费。

在创建节约型的社会里，第一次就把事情做对、做好，意味着付出的时间最少，节省的成本最多，取得的效果最好。盲目的繁忙毫无价值，必须终止。再忙，也要在必要的时候停下来思考一下，用简单的方法解决问题。有了事前的思考，我们才能一开始就把事情做对。起步正确了，后面的事情做起来自然是水到渠成，顺理成章。**第一次就把事情做好，把该做的工作做到位，这正是解决问题的要诀之所在，是简单管理的精髓和要点。**

简化管理方法

简单管理不是减少管理，更不是不要管理，而是用简单的方法来管理，用简单的流程来做事。简单管理不是对传统管理的否定，而是对它的传承与发展。在某种意义上，它是一种更高层次的管理，它对管理者和职业经理人提出了更高的要求，管理者只有提高管理水平和技能，才能让管理变得更加简单高效。凡是有水平的管理者，其说话做事都是精简高效的。所以，简单管理比传统的管理需要更深厚的功底、能力和水平，更强调方法的作用。方法正确，可事半功倍，化繁为简；方法拙劣，则事倍功半，把简单的事情搞复杂了；方法错误，则一事无成，更无简单管理可言。管理者如果考虑不周，谋划不远，或头痛医头、脚痛医脚，或急功近利，其结果必然造成"没有价值的繁忙"。古人云："工欲善其事，必先利其器"，策略和方法就是做事的工具。方法对头了，工作就好做了，犹如用一把锋利的斧子砍树，斧到树伐。工作简化是改进工作方法或工作程序，以便更经济、更有效地利用人力、物力来从事某项特定的工作，提高工作效率。

管理简化一般可分为以下 6 个步骤：

» 选定准备进行研究的管理活动项目，一般应以盈利能力为导向，对总体绩效影响重大的管理过程进行识别，确认与总体绩效关联度不大的或不相关的工作过程。

» 以直接观察法分析所研究管理工作项目的全部情况，并在管理工作程序图上用各种符号作详细而精确的记录。

» 分析管理工作程序图所表现的事实的程序。

　　》考虑全盘工作情况，对各项作业按照具体情况予以取消、合并、重排或简化，以便找出一种最好的工作方法。

　　》衡量所选定方法的工作量，并计算所需的标准时间。一般工作可在这一步骤中把改进的方法付诸实施。

　　》就已决定的标准方法和客观容许的时间，确定新的管理方法和工作程序。

简化管理职能

　　最早系统提出管理职能的是法国的法约尔。他提出管理的职能包括计划、组织、指挥、协调、控制5个职能，其中计划职能为他所重点强调。他认为，管理一个企业，就是为企业的经营提供所有必要的原料、设备、资本、人员。指挥的任务要分配给企业的各级管理者，每个管理者都承担各自的任务和职责。协调就是指企业的一切工作都需要密切配合，以便于经营的顺利进行，并且有利于企业取得成功。控制就是要确保各项工作都与已定计划相符合，与下达的指示及已定原则相符合。

　　在法约尔之后，许多学者根据社会环境的新变化，对管理的职能进行了进一步探究，有了许多新的认识。但当代管理学家们对管理职能的划分，大体上没有超出法约尔的范围。

　　古利克和厄威克就管理职能的划分，提出了著名的"管理七职能"。他们认为，管理的职能是：计划、组织、人事、指挥、协调、报告、预算。

　　哈罗德·孔茨和西里尔·唐奈里奥奇把管理的职能划分为：计

划、组织、人事、领导和控制。人事职能意味着管理者应当重视利用人才，注重人才的发展以及协调人的活动，这说明当时管理学家已经注意到了对人的管理在管理中的重要性。

简单管理把管理职能划分为：目标设置、行动方案和考核激励。简单管理把组织、指挥、协调浓缩为行动方案，运用考核激励来实现管理职能，变管理"五职能"为"三职能"。不管是哪个层级的管理者只做三件事：目标设置、行动方案和考核激励。

简单管理对传统管理职能的理解也不一样。传统管理对计划目标的设置颇为复杂，包括：外部环境分析、内部条件分析、竞争对手分析、资源提供分析等，考虑诸多因素，并根据组织外部政治、经济环境和市场需求情况，使用专业技术或工具，进行市场预测，同时考虑组织内部的产能和交期。然后，召开公司年会，用几天时间讨论研究决定年度经营目标。接着，再落实会议精神，把目标分解到各部门，由主要领导找下属部门经理一对一交流沟通，花费整天时间促膝谈心。沟通的过程通常是，领导认为前途光明，目标尽可能往上拔；下级认为困难重重，目标尽可能往下压。讨价还价，领导找了一大堆理由，说服部下接受任务；部下却找了一大堆问题，证明领导的理由不充分，希望领导减轻任务。如此折腾"博弈"的结果，就是双方各让一步，折中处理，迫使预期目标缩水。

简单管理定位组织目标与传统管理相反，基本不考虑环境因素和资源条件，不调查、不分析、不预测，不管环境如何，尽可能具有前瞻性，高起点定位组织目标，以适应组织持续快速发展需求。只要目标有价值，值得追求，就不要在乎资源和条件。

理由很简单，资源是可以开发的，条件是可以改变的。而所有为设置目标去"找依据，寻理由"都是"瞎折腾"。更何况，如今打败你的已不是"外部环境和竞争对手"，而是一个个"跨界"的过路人。很多人以为柯达是被同行打败，没想到居然是毫不相关的"跨界"行业。柯达宣布破产，是受智能手机普及的影响。比如，打败口香糖制造行业的众多竞争对手不是益达，而是微信、王者荣耀。过去，顾客在超市收银台排队缴费的时候因为觉得无聊，就会往购物篮里拿上两盒口香糖；而今天，大家都在看微信，刷朋友圈，玩王者荣耀，再也不觉得无聊了，也不再往购物篮里扔口香糖了。

又比如，共享单车，一块钱，随便骑，骑到任何地方，停下，锁车就走，不用管。这个东西一出来，黑车司机哭了。卖单车的店铺、修自行车的小摊子，生意都一落千丈，关门是迟早的事情。既然"羊毛出在狗身上，由猪买单"，同样"我消灭你，与你无关"，这就是今天的状况。现在不是"满足消费就可以拓展市场"的时代，而是一个"引导消费，创造市场"的时代。在这个跨界打劫、飞速变化的时代，你永远也无法想象下一个竞争对手是谁，你也很难猜到新兴的什么行业就打败了传统的什么行业。所有的调查分析都显得苍白无力，甚至还没有调查完，情况又发生了新的变化。因此，简单管理定位组织目标的"简单"思路就是，**不要为设置目标找依据，而要为既定目标找资源。目标只有相信，没有理由，不相信叫"吹牛"。**如果一定要有一个"理由"，那就是组织生存发展的需要。

简单管理对传统管理的"协调"理解也不一样。传统管理的"协调"强调众人步调一致，协调的手段主要是指挥和控制，即通过管理者现场指挥，依靠政策、制度的规范和命令式调整达到协调的目的。依靠现场指挥和一纸政令强制性去协调，往往会力不从心。简单管理的"协调"侧重于人们的思想观念、个人意志以及人际关系方面的协调，属于"三观"认知领域。简单管理就是尊重个性需求，顺应自然规律的管理。换句话说，"干涉"控制是必要的，但干涉过多反而束缚了人的主观能动性。减少干涉，尊重个性，顺应规律，事情反而会变得更加简单高效，问题会处理得更好。因此，简单管理利用"教育、激励和互补"来完成"协调与控制"。教育就是通过培训把组织意志变为员工自觉的行为。管理的对象不是机器而是人，是现代人，所以要让管理对象理解组织的奋斗目标以及各种规章制度，让他们主动执行、维护，而不是不得已而为之。如果想实现被动变主动的转化，就必须对管理对象施予教育培训，建立企业内部培训系统和可持续的学习制度，即建立"学习型"组织，通过教育使员工认识到组织的目标与个人利益的一致性。

简单管理具有传统管理的内涵，它在吸收传统管理精髓的基础上，传承与发展，青出于蓝而胜于蓝。与传统管理相反，**简单管理采取的是非强制方式，在员工心中催生一种潜在说服力，最终把组织意志变为员工自觉的行为**。既然人人自觉，管理者便可以从繁杂的管理事务中解放出来，专心思考战略性的大事。

传统管理认为，人是"工具"，是成本，它强调的是服从、是权力，强调从外部去控制。简单管理则认为，人是"资源"，而且是"第一资源"。它强调的是激励，主张自我控制。资源的作用是无限的，人的潜能也是无限的，可以被源源不断地开发出来。对待"工具"你可以随意控制它、使用它；对待"资源"你得小心地保护它、引导它、开发它。简单管理用人之道的本质就是：了解人、尊重人，让人人都做自己命运的主人。以人为本，追求每个人价值的自我实现。

过去我们讲管理、学管理、做管理，有一个重要指标：就是"发现问题"的能力和"解决问题"的能力，而简单管理更强调的是"预防问题"的能力。如果我们能事先预见问题的发生，而采取了有效措施，阻止了问题的发生，还用得着去"发现和解决问题"吗？避免了问题发生，就不存在发现问题和解决问题，就减少或避免了人为制造新的复杂。如果企业把产品一次做好了，质量有保证，就避免了客户投诉和退货这种复杂的问题。在某种意义上，简单管理就是预防问题的管理。因此，简单管理与传统管理的根本区别在于：传统管理强调的是"发现问题和解决问题"，即"救火式管理"；简单管理倡导的是"预防问题"，就是"防患于未然"，如果问题得以预防，就用不着去"发现"和"解决"了。因此，简单管理就是：变发现问题、解决问题为预防问题。让管理的重点从发现问题、解决问题转移到预防问题。管理体系、目标设置、过程督导、结果考核都以预防问题为重点。诸如：管理组织、制度、流程和文化建设都以预防问题为导向，从组织上和行动上确保"一次就做好"，让问题得到预防，这是最简单高效的管理。

简单就是力量

简单，与其他理念一样，都是推动事业成功的力量；不同之处在于，如果想创造简单的工作方式，就不能围着琐事大跳踢踏舞。

请在你做任何事情之前，树立这样一个信念：简单就是力量，拥有这种力量并非易事，我们需要改变一些习惯。从人们的需要开始。

如果你是一位主管，你就得知道，如果公司提供的工具和信息是基于员工的需要，员工就会相信公司的基础设施会帮助自己更顺利地完成工作。明智的公司决策者会把员工和顾客希望解决的问题放在第一位，然后再解决其他问题。

简单就是一种力量，问题在于你有没有洞察力和本事把它转化成你事业上的商业优势，相信你很快就能办到。无论你从事何种行业，简单的力量都可以让你激发点子、增长见识，使你的事业更上一层楼。如果你能弄懂简单至上是如何帮助苹果成为全球最有价值的公司，你就能通过上百种不同的方法将它运用到你自己的事业里，让你的公司从一群竞争对手中脱颖而出。

苹果的简单概念已经演化多年，少一点，快乐一点；它的每一个产品堪称是简单的一种典范，也是蓝图。尽管很多人可能看不出来。举例来说，当年 ipad（苹果平板电脑）公诸于世时，评论家都在抱怨它缺乏特色。于是当竞争对手的平板电脑纷纷推出时，他们自动加了很多 ipad 没有的东西。包括更多的连接口，记忆卡插槽，以确保他们的装置能吸引更多的购买者。但他们的"增加"没有卖出好成绩。反倒是苹果在设计阶段所做的"删减"，吸引了更多顾客的注意。这就是简单的力量。

当你相信简单的力量时，显然你就拥有了另类思维，简单也许是世界上最强大的力量之一，却是少数人的武器，因为多数的人没有体会到简单的力量。从商业角度来看，这确实是个好消息，身为罕见商品的简单，身价自然不菲。能善用简单力量的公司将在竞争激烈的市场环境中胜出。简单往往是原创，当你在现实世界里练习简单技巧前，有一点要留意：简单的点子不一定是比较好的，品质好才是重要的。

如果你从一开始就有个好东西令人耳目一新、引人注目，那么利用简单原理一定让你攀上巅峰。

驾驭简单的力量，身为简单原则的拥护者，你的目标一定要崇高，要有前瞻性，高起点定位你的目标，不要为设置目标找依据，而要为既定目标找资源。目标决定了发展的速度与规模；设定目标会让你充满信心和激情，刺激你的创造力、想象力和预见力；有利于激励员工迎接挑战，提高企业综合素质及竞争优势。人类有追求简单的倾向，因此我们每个人都有能力启动这种力量。让简单帮你建立一个独立王国，帮你的事业打造出斐然的业绩。简单是指引你达成目标的明灯。当你将简单的原则运用在自己的工作和公司的商务流程时，你就会领会它的力量。

管理越简单越好

管理越简单越好。因为事情本来就再简单不过，复杂的是你的思想，是你对事物的态度，是你处理问题的方法。就像原本可以一句话表达清楚的内容，偏偏有人要用十句话来表达，把简单的问题复杂化是管理者们最易犯的毛病。

"管理越简单越好"的道理告诉我们，作为一名管理者，在具体工作中，面对繁冗艰巨的工作任务，你必须学会分清工作的主次：首先把那些无关紧要的放到一边，接着再排除那些对当前没有意义的工作，然后把全部精力集中于重大事务之上。

对于企业来说，简单降低了时间成本和人力成本，给企业带来更多的利润。简单抓住了本质，使责任、信任、管理与控制都一目了然，使企业专注于最具竞争优势的产品，创造高速发展的奇迹。

　　简单，并不是管理上的浅薄无知，不是头脑简单，而是经历复杂后的升华。形式上追求简单，方法上追求简单，内涵上则是深刻和丰富的，是一种化繁为简的智慧。简单是一场革命，其任务是使复杂的事情简单明了。它鼓励改革、试验、思考、创新和学习。

　　世界著名管理公司麦肯锡集 80 年的工作实践，得出了一个结论：以最快捷的方式，最少的时间、资源来解决工作中遇到的问题。然而，如何找到最合适、最简单高效的工作方法，是每一个管理者需要认真对待的问题。简单之所以能产生巨大的能量，是因为符合人性与常识。因为在这个世界上，没有人会喜欢复杂的东西。通向成功的道路，往往越简单越快捷。同理，开启财富宝库的钥匙，也是越简单越有效。

　　管理大师德鲁克通过调查和研究得出的结论是："对企业而言，管理的层级越少越好，层级之间的关系越简单越高效。"大家都知道火箭发射的原理：摆脱重力牵制后将凌空而去。作为卓越的企业管理者，必须想尽办法，化繁为简，将牵制工作效率的障碍果断地抛弃。

　　如果一个管理者工作杂乱无章，事必躬亲，那么，他一定是个失败的管理者。而他失败的原因仅仅是他不懂简单，不懂简单管理。因此，懂得简单行事的管理者才会成为优秀的管理者。

　　刘仁辉在其所著《管理赢在简单》一书中研究发现：生活已经够麻烦了，但还是有许多管理者不怕麻烦，给自己的管理生涯设置各种各样的"圈套"。他们与自认为复杂的问题不断地进行斗争，并且依据一些最新的管理理论，用一些复杂的方法来解决问题，其实根本没有必要这样做。最简单的方法就是最好的方法。

　　穿过重重迷雾，看清楚了事情的本来面目，管理人的脑子需要清醒过来了，除非你决定破罐子破摔，一条道走到黑，或者你打算改行不做管理人了。否则，你唯一的选择就是回归管理的真谛：简单。

杰克·韦尔奇曾经说过："管得简单就是管得好！"凡是成功的企业都是简单的。管得简单并非说明管理的作用被弱化了，恰恰相反，由于在管理上变"人"治为"法"治了，真正让制度说了算，管理的作用被大大强化了。

现在有很多企业，管理的新方法不少，今天引进这种先进的管理办法，明天学习那种成功的宝贵经验，制度和措施多得数不胜数，管理人员忙得无以复加，可是最后呢，企业还是在生存的边缘上苦苦挣扎。究其原因，正是由于企业"过度管理"造成的。因为管得过多，一些管理者终日疲于奔命，没有精力去抓各项制度、办法、措施的落实，因而很难获得工作成效；因为管得过多，极大地挫伤了员工的积极性和创造性，致使企业缺乏经营活力，失去发展动力；因为管得过多，造成工作顾此失彼，漏洞百出，使企业的利益受到严重损害。

"管得越少，成效越好。"这是杰克·韦尔奇的著名观点。与过去那种强调控制、干预、约束和阻挡的传统管理不同，现代企业需要管理者发挥协助、激励和教导的作用，让管理回归简单。这种简单管理的概念不仅能使管理者从繁琐的具体事务中解脱出来，还能提高工作效率，激发新的活力，挑战全新的高度。杰克·韦尔奇指出：习惯于相信自己，不放心他人，粗鲁地干预手下的工作，这是许多管理者的通病。这会形成一个怪圈，上司喜欢从头管到尾，变得事必躬亲，培养了部下的依赖性，失去了主动性和创造性。

苹果公司利用"简单"的概念，打破复杂，以创造简单而丰富的绝对优势，另类思维，可谓精细至极。简单是精致的最高境界，简单往往都是原创。简单至上是苹果成功背后的坚持，简单魔杖代表了苹果内部的核心价值，当"添加"没有卖出好成绩，反而是"删减"吸引了顾客，就应该毫不犹豫地"删减"。直率是简单，委婉是复杂。有疑虑时就化繁为简。如果有选择的话，任何头脑清晰的人都会弃繁就简。

坚持简单至上，不仅促使苹果彻底改革，甚至带动苹果持续改革的风潮。世界在变、科技在变、公司本身也在适应市场的改变，唯有简单至上的信仰始终不变。正是这套价值观让苹果得以将科技转换成各种难以抵挡的装置。苹果毫不隐讳它对简单至上的坚持和热爱。举目所及，处处可见其痕迹。它就在公司的产品里、广告里、内部组织里、商店里，以及顾客关系里。在苹果内部，"简单至上"是一种目标，一种工作风格，也是一种衡量的魔杖。

苹果对简单至上的坚持让它与顾客之间建立了牢不可破的关系，也使得顾客产生了有好东西就与朋友、家人、同事分享的念头。简单让顾客介绍了更多的顾客。对简单的坚持，需要决心、恒心和信心，需要一个意志坚强的人，有足够坚强的意志以抵挡"复杂"。只有秉承简单至上的观念，才能促进公司改革创新、引导发展的方向、证明自己的价值。

管理是一个深奥的话题，但在百度老总李彦宏那里却很简单，如百度的企业文化就是：简单，可信赖。百度的经营理念就12个字：认准了，就去做；不跟风，不动摇。在门户网站风起云涌的时候，百度坚持搜索业务，不为游戏、短信、博客等诱惑、吸引。一直将资源集中在搜索领域不动摇。

做人简单，不是幼稚和肤浅，而是指对个人目标的坚持。你的目标在哪里，就应该向哪里努力，不要有太多的顾虑，你的人生就会变得简单而高效。做企业也是相同的道理，坚持目标，专注到底。

用最有效的方法解决问题。有些管理者经常做些费力不讨好的事情，并不是因为他们没有能力做好，而是惯性思维让他们把所有问题复杂化了，而问题本身其实很简单。由于把问题看"复杂"了，所以会感觉很困难，对结果失去信心。我们应该回归管理的本质，实行简单管理，以效率和效果为出发点，以最简洁、最直接、最有效的方法解决问题，最大限度地减少资源的浪费。解决一个问题通常有很多方法，总有一个方法是最简单的、最实用的。

思考题

一、简单管理的精髓是什么？

二、简单管理与传统管理的区别是什么？

三、简述简单管理的职能是什么？

第 5 章

简单管理定律

奥卡姆剃刀定律

奥卡姆剃刀定律又称"奥卡姆剃刀",是由 14 世纪英国逻辑学家、圣方济各会修士奥卡姆的威廉（William of Occam）提出。这个原理称为"如无必要,勿增实体",即"简单有效原理"。正如他在《箴言书注》第 2 卷 15 题中说:"切勿浪费较多东西去做。用较少的东西,同样可以做好事情。"

公元 14 世纪,威廉对当时无休无止的关于"共相""本质"之类的争吵感到厌倦,于是著书立说,宣传唯名论,只承认确实存在的东西,认为那些空洞无物的普遍性要领都是无用的累赘,应当被无情地"剃除"。他所主张的"思维经济原则",概括起来就是"如无必要,勿增实体"。因为他住在奥卡姆,人们为了纪念他,就把这句话称为"奥卡姆剃刀"。这把剃刀出鞘后,剃秃了几百年间争论不休的经院哲学和基督教神学,使科学、哲学从神学中分离出来,引发了欧洲的文艺复兴和宗教改革。同时，这把剃刀曾使很多人感到威胁，被认为是异端邪说，因为如果依据他的理论，甚至可以推断出一个结论："教皇的存在也是不合理的。"这样的反动论调自然会使教皇耿耿于怀。为了不让他的思想得到传播，教皇宣布他为教会的异端，并把他投进监狱。可是没过多久，他居然逃跑了，并投靠了教皇的死敌——德国的路易皇帝。他对路易说："你用剑来保卫我，我用笔来捍卫你。"

"奥卡姆剃刀"一面世，就引起了人们的广泛关注，尤其是那些想要有所作为的人。日心说、万有引力定律、相对论等就是他们在不断磨砺这把"剃刀"的过程中创造出来的。对于"奥卡姆剃刀"的功能，科学家们感触最深，并总结出了一定的技巧。哥白尼、牛顿在使用时有一个共同的特点，那就是在揭示简单现象背后的本质规律时，都先使用"奥卡姆剃刀"，将复杂的对象"剃"成最简单的对象，然后再着手解决问题。一句话，先缩减而后增加，先丧失而后赢得。而爱因斯坦的使用心得就更为经典了。他说："万事万物应该尽量简单，而不是更复杂。"其实，不只是哥白尼、牛顿、爱因斯坦，几百年来，凡使用过这把"剃刀"的人无不战果辉煌。奥卡姆剃刀不断在哲学、科学等领域得到应用，但使它进一步发扬光大、并广为世人所知的，则是在近代的企业管理学中。

各种迫害并未削弱这把剃刀的锋芒。相反，经过数百年，它变得越来越锋利，并早已超越了原来狭窄的领域而具有广泛的、丰富的、深刻的意义。今天，这把闪闪发光的剃刀又向我们复杂的企业管理发出了挑战，指出许多东西是有害无益的，我们正在被这些自己制造的麻烦压垮。事实上，我们的组织正不断膨胀，制度越来越繁琐，文件越来越多，但效率却越来越低。这迫使我们使用"奥卡姆剃刀"，采用简单管理，化繁为简，将复杂的事物变简单。

为什么要将复杂变简单呢？因为复杂容易使人迷失，只有简单化后才利于人们理解和操作。随着社会、经济的发展，时间和精力成为人们的稀缺资源，管理者的时间更加有限，许多终日忙忙碌碌的管理者却鲜有成效，究其原因正是缺乏简单管理的思维和能力，分不清"重要的事"与"紧迫的事"，结果成为了低绩效或失败的管理者。从这个意义上讲，管理之道就是简化之道，简化才意味着对事务真正的掌控。

简单管理对于处于转型和成长时期的中国企业具有非凡的意义，但简单管理本身却不简单。奥卡姆剃刀定律也认为：把事情变复杂很简单，把事情变简单很复杂。一些人动辄以"无为而治""治大国若烹小鲜"来概括简单管理，但又有几人能如庖丁解牛般游刃有余？我们所知道的一流的企业家无不抱着异常谨慎的态度经营企业，如比尔·盖茨"微软离破产只有 18 个月"的论断、张瑞敏"战战兢兢、如履薄冰"的心态以及任正非一直所担忧的"华为的冬天"。可见，简单管理作为一种古老而崭新的管理思维和能力，蕴涵着深刻的内涵。

好的理论应当是简单、清晰、重点突出的，企业管理理论亦不例外。在制定决策时，应该尽量把复杂的事情简单化，剔除干扰，抓住主要矛盾，解决最根本的问题，才能让企业保持正确的方向。对于现代企业而言，信息爆炸式的增长，使得主导企业发展的因素盘根错节，做到化复杂为简单就更加不易。企业管理是系统工程，包括基础管理、组织管理、营销管理、技术管理、生产管理、企业战略等。奥卡姆剃刀所倡导的简单化管理，并不是把众多相关因素粗暴地剔除，而是要穿过复杂，才能走向简单。通过奥卡姆剃刀，将企业最关键的脉络明晰化、简单化，加强核心竞争力。

"奥卡姆剃刀"，这一改变全球经济精英命运的思维法则，这一左右企业与管理者发展的永恒定律告诉管理者：以结果为目标，始终追求高效简洁的方法才能达到最初的合理目的。所以，作为管理者，应尽量减少产品的类型、顾客的数目和供应商的数量。这样做不但可以让企业节约因为处理复杂的局面而增加的不必要的支出，还能节约人力和管理方面的成本。也就是说，如果一个企业只有一条产品线，就没必要设立什么总公司、分公司，以免把精力耗费在对企业发展没有益处的环节。

另外，让事情变得尽可能地简单，还可以让企业管理者不至于为复杂的人事所累，有时间和精力考虑如何满足顾客的需求，提高对顾客的服务质量。客户是企业的上帝，赢得了客户，就等于赢得了利润，赢得了生存和发展的空间。

爱因斯坦说："如果你不能改变旧有的思维方式，你也就不能改变自己当前的生活状况。"当管理者用奥卡姆剃刀转换思维方式时，企业将会发生重大改变。

"奥卡姆剃刀"要剔除的是一切无用的、不必要的东西。只有剔除了它们，我们才不至于被自己制造的累赘和麻烦压垮。就像一个有经验的园丁常常会剪掉许多能够开花结果的枝条，有时甚至会让人惋惜。但是，为了让树木迅速生长，为了得到最饱满的果实，他们必须剪掉这些多余的枝条，否则，将来收获时所遭受的损失就是这些枝条的数倍。

奥卡姆剃刀定律告诉我们：把事情变复杂很简单，把事情变简单很复杂。所以，在处理问题时，要在把握问题本质的基础上，顺应自然，不要把事情人为地复杂化。一个善用"奥卡姆剃刀"的人，他绝不会把精力投入到毫无价值的事情上去，凭空给自己制造麻烦。作为现代人，我们也应该具有这样的智慧，应该善用自己的精力，不要让它消耗在一些毫无意义的事情上，那么我们就有了成功的希望。

奥卡姆剃刀以结果为导向，把影响盈利能力的工作全部砍掉，始终追寻高效简洁的方法。它所倡导的"简化"法则，保持事物的简单化是对付复杂与繁琐的最有效方式。具体而言，有三种措施可以帮助我们预防复杂现象的发生：

精兵简政，不断简化组织结构。组织结构扁平化与组织结构非层级化，已经成为企业组织变革的基本趋势。在新型的组织结构中，传统的、严格的等级制度已经不复存在，组织中上下有序的传统规则被淡化，员工之间的关系是平等的分工合作关系。基层员工被赋予更多的权力，有可能参与部门目标甚至于组织目标的制定。组织内的信息不再是上下级之间的单向传递，而是一种网络化的即时式双向沟通。在这种组织中，顾客的需要成为员工行动的向导，人们的行为具有明确的目标导向。同时，由于员工的积极参与，组织目标与个人目标之间的矛盾得到最大限度地消除。

关注组织的核心价值，始终将资源集中于组织优势。也就是说，组织需要从众多可供选择的业务中筛选出最重要的、拥有核心竞争能力的业务，在自己最具竞争优势的领域确定组织的目标。这样，才能确保组织集中精力，以最少的代价获得最丰厚的利润。反之，如果目标数量过多，往往会使经营者难以同时兼顾太多的业务，从而顾此失彼。韦尔奇担任通用电气公司总裁时，从简洁高效的角度出发，提出"非一即二"原则：必须把本产品做成本领域数一数二的产品，否则一律卖掉。

简化流程，避免不必要的环节。事实上，由于个体受自身思维方式的限制，简单的信息远比复杂的信息更有利于人们的思考与决策。因此，一个优秀企业的主要特征，就是他们知道如何保持事情的简单化，不管多复杂的事情都能将其变得简单易行。

简化文案，推行一页纸文案。何谓一页纸文案？就是撰写每份文案力求言简意赅，简明扼要为上，达到既精练、简洁，又达意、完备，最终以一张纸的形式呈现在受众面前。一页纸文案的效果是显而易见的。它节省时间，容易传播、执行，节约纸张。

> 查德·德普雷曾任全球 500 强企业宝洁公司的 CEO。他一向雷厉风行，讨厌啰唆，厌恶任何超过一页的备忘录。如果他收到一份冗长的备忘录，就会立即退回，并附上一条："把它简化成我所需要的东西！"上任伊始，他就给宝洁员工上了最重要的一课。
>
> 有一天，一名经理向查德·德普雷提交了一份厚厚的备忘录，详细介绍了他对公司存在问题的处理意见。本以为自己洋洋洒洒的鸿篇巨制会得到 CEO 的赞许，没想到，查德·德普雷接过备忘录后看都没看，拿起笔在上面批示道："把它精简成我想要的东西。"写完后，他狠狠地把笔掷在桌子上，然后把备忘录退给了那个经理。
>
> 挨了当头一棒的经理只得回去重写。经过大刀阔斧的删减之后，自认为剩下的都是精华，多一字嫌多、少一字嫌少了，他就又信心十足地把它交给了查德·德普雷。查德·德

普雷这回似乎客气了些，随手翻了翻，但随后说："我不理解复杂的，只理解简单的。你就不能写得不超过一页纸吗？"说完，依然毫不客气地退回要求经理重写。

经过再三修改，直到一页纸之内，这篇文章才让查德·德普雷满意。从此，查德·德普雷被称为"一页纸CEO"，"一页纸"成了一项像宝洁的名字一样宝贵、简洁的制度：规定"备忘录"的长度为一页纸以内。这就要求用最简练的语言来描述所有的报告文件。

正如查德·德普雷所说："一页纸制度，是宝洁公司高效率的工作水准的象征，也是高效益的秘密所在。"

汇报要到位，将多余的、无关的、不必要的通通删去，只留下非说不可、非用不行的东西。

短小精悍的文章是语言的精华，是令人赏心悦目的作品，是智慧的成果，要写出精练达意的文稿的确不容易。因此，要推行"一页纸文案"，文案撰写人就要下功夫，要勇于作为，勤于操练，总之要吃些苦受点累。因为不着边际、洋洋洒洒、噼里啪啦、啰啰唆唆、言不达意、缠头裹足，这样写文章太容易了。这样不用动脑筋"推敲"就写文章，算得上不负责。

精简会议，提高会议效率。会议的形式有多种多样，无论是动员会、总结会、业务会、办公会、专题会，还是学习会，都是推进工作、正确决策的重要途径，所以，一场会议能否高效展开十分重要。如何让会议开得既精简又高效，可应用以下8个方法。

» 减少各类会议数量。凡可通过电话通知等方式解决问题的，可不开会。

» 把时间相近、主题相近、参会人员相近的两个或多个会议合并开，要做到既精简会议次数又保证效果。

» 优化会议结构，充分利用多媒体、网络等科技，将同种类型会议一次传达到所需人员，不必分批、分地域召开此类会议。

» 严格控制会议时间。规定不同级别（公司级、研究院级、各科室级）会议时间，不同级别会议审批时控制时间、人数等，同一个会议一般只安排 1 名领导作主要讲话，并控制时间，其他领导讲话也要控制在一定时间内；安排会议发言人数，且每人发言时间控制在 8 分钟以内（可根据工作需要适当调整）。

» 明确会议目的、简化会议流程。会议前最好列一个大纲，比如要面对什么问题，要解决什么问题，主要议题有哪些，次要议题有哪些，将不同问题安排在不同时间段讨论，让大家有准备，同时减少不必要的会议流程。

» 会议中下发的／宣读的材料，不需从头到尾通读，而是有重点地指出。有些需要各单位回去认真学习的材料，会议中不用单拿出时间作发言，而是下发后要求与会单位回去组织集中学习。

» 切实改进会风，提高会议时效，汇报或交流时直奔主题，力戒空话、套话，将有限的时间用在工作和具体问题的交流上。

》 会议前做充分准备，如会议所需材料的发放、所需资料的
准备等。

KISS 法则

KISS 原则是英语 "Keep It Simple，Stupid" 的首字母缩略字，翻译
过来就是 "简单化，傻瓜化"，也就是所谓的 "懒人原则"。KISS 原则
源于大卫 · 马梅（David Mamet）的电影理论，后来被逐渐延伸扩展到
其他领域。

KISS 原则可以应用在许多方面，比如程序设计要 KISS，系统架构
要 KISS，企业管理更要 KISS。很显然，越是复杂的事情，越容易导致
效能低下和资源浪费。KISS 法则的中文意思是 "保持简化易懂"。简
单地理解这句话就是，要把一个系统做得连白痴都会用。这就是用户
体验的高层境界了，简单就是美。

KISS 原则是指产品的设计越简单越好，简单就是美，任何
没有必要的复杂都是需要避免的。KISS 原则是 DFMA（Design for
Manufacturing and Assembly 首字母缩写，是指在产品设计阶段，充分考
虑来自于产品制造和装配的要求，使得机械工程师设计的产品具有很
好的可制造性和可装配性，从根本上避免在产品开发后期出现的制造
和装配质量问题。——编者注）中最重要的一条设计原则和设计思想，
几乎贯穿于 DFMA 的每一条设计指南中。

减少零件数量是 KISS 原则在 DFMA 的主要体现。一般来说，在产
品中，零件数量越多，产品制造和装配越复杂和越困难，产品制造费

用和装配费越高，产品开发周期就越长，同时产品发生制造和装配质量问题的可能性越高。在确保实现产品功能和质量前提下，简化的设计、更少的零件数量能够降低产品成本，缩短产品开发周期，提高产品开发质量。高水平的机械工程师通常会把复杂的东西设计得很简单。对于机械工程师来说，减少零件数量、简化产品设计能够大幅减少工作量。一个零件在其开发周期中的任务包括零件设计、生成二维工程图、样品制作、零件试产、零件装配、零件质量和功能验证等，无一不是繁重的任务。减少零件数量、简化产品设计对于工程师来说是看得见的实惠，能够让工程师把更多的时间和精力放在提高产品设计、质量上来。

KISS 法则在某种程度上接近奥卡姆剃刀理论以及爱因斯坦的格言"任何东西都应该尽可能做到最简化，直到无法再简化为止"。这一原则被广泛应用于软件开发、卡通制作、新闻传播、摄影、工程项目、流程优化、简化管理等领域。善用 KISS 原则，会让事情变得连傻瓜都会做，效率就会更高，而且效果也会更好。

二八定律

二八定律，也叫"巴莱特定律"，又名"帕累托法则（定律）""最省力的法则""不平衡原则"等，是由意大利经济学家和社会学家帕累托发现的，最初只限定于经济学领域，后来这一法则也被推广到企业管理和社会生活的各个领域，且深为人们所认同。1897 年，意大利经济学家帕累托在对 19 世纪英国社会各阶层的财富和收益统计分析时发现：80% 的社会财富集中在 20% 的人手里，而 80% 的人只拥有社会财富的 20%，这就是"二八定律"。

帕累托法则是指在任何大系统中，约 80% 的结果是由该系统中约 20% 的变量产生的。例如，当一家公司发现自己 80% 的利润来自于 20% 的顾客时，就该努力让那 20% 的顾客乐意扩展与其合作。这样做，不但比把注意力平均分散给所有的顾客更容易，更简单，也更值得。再者，如果公司发现 80% 的利润来自于 20% 的产品，那么这家公司应该聚焦重点，集中优势来支持这些产品和销售那些高利润的产品。

一般情形下，产出或报酬是由少数原因、投入和努力所产生的。原因与结果、投入与产出、努力与报酬之间的关系往往是不平衡的。若以数学方式测量这个不平衡，得到的基准线是一个 80/20 关系；结果、产出或报酬的 80% 取决于 20% 的原因、投入或努力。80/20 关系提供了一个较好的基准。一个典型的模式表明，80% 的产出源自 20% 的投入、80% 的结论源自 20% 的起因、80% 的收获源自 20% 的努力。"二八定律"之所以得到业界的推崇，就在于其提倡的"有所为，有所不为"的经营方略，首先弄清楚企业中的 20% 到底是哪些，从而将自己经营管理的注意力集中到这 20% 的重点经营要务上来，采取有效的倾斜措施，确保重点方面取得重点突破，进而带动全面，取得经营业绩的整体进步。

"二八定律"反映了一种不平衡性，它指出了在原因和结果、投入和产出、努力和报酬之间存在这样一种典型的不平衡现象：80% 的成绩，归功于 20% 的努力；市场上 80% 的产品可能是 20% 的企业生产的；20% 的顾客可能给商家带来 80% 的利润，这种现象在社会、经济及生活中无处不在。在我们公司也是 20% 的骨干创造了 80% 的利润，20% 的产品创造了 80% 的利润，20% 的客户带来了 80% 的利润。

初具规模的企业一般都有好几百个客户，如果采取同样的接待方式将让老板难以应酬，而通过统计分析发现，能够给公司带来 80% 利润的客户，不到 50 个。即真正让企业赚大钱的客户不到 20 %，所以我们要将主要精力放在这 20% 重要客户身上。对不同的客户采取不一样的接待方式，有的客户老板应该亲自到机场去接，全程陪同；有的客户要到公司楼下去接，有的客户在办公室等，有的客户来了也不见，一定要区分开来，哪些是你的 20% 的客户。

在营销活动中，想把所有精力和努力平均分配给每一个客户，想达到"一碗水端平"的效果，这是不可取的。明智的做法是：充分关注发挥主要作用的大客户，将有限的精力投注在他们身上，从而取得事半功倍的效果。

麦当劳的成功诀窍之一，就是运用了二八定律：麦当劳大多数分店都是特许经营店。这些分店都由当地加盟投资人出资并负责管理与经营活动，同时承担风险。如果一年开设 500 家分店，全由麦当劳自己来做，投资需数亿美元。招聘、培训 2000 多名员工，建立一个庞大复杂的管理体系，这么多的工作想做好并非易事。很多企业也采取了连锁方式，却没有成功，其失败归因于 20% 的内部工作没有做好。而麦当劳 20% 的工作，如超值商品体系、品牌创造与总部管理等，运营得很出色，所以既成功地利用了外部资源，又为客户创造并提供了最好的服务。

让更多的投资者（包括员工）在最短的时间内拿出更多资金进行投资，只有一种可能，即给予投资者的权益、报酬显著高于常规比例。常规权益分配观念，是自己占大头，别人占小头。采取 80/20 的权益分配策略，即原则上让对方得大头，自己得小头，不但能够快速扩大规模，还可以让合作者分担更多的责任和风险。

"二八定律"可以延展到如下二八法则：

二八管理法则。企业主要抓好 20% 的骨干力量的管理，再以 20% 的少数带动 80% 的多数员工，以提高企业效率。

二八决策法则。抓住企业普遍问题中的最关键性的问题进行决策，以达到纲举目张的效应。

二八融资法则。管理者要将有限的资金投入经营的重点项目，以此不断优化资金投向，提高资金使用效率。

二八营销法则。经营者要抓住 20% 的重点商品与重点客户，渗透营销，牵一发而动全身。

二八利润法则。80% 的公司利润来自于 20% 的重要客户，其余 20% 的利润则来自于 80% 的普通客户。

总之，"二八法则"要求管理者在工作中不能"胡子眉毛一把抓"，而是要抓关键人员、关键环节、关键客户、关键项目、关键岗位。

遵循"二八法则"的企业在经营和管理中往往能抓住关键的少数顾客，精确定位，加强服务，达到事半功倍的效果。美国的普尔斯马特会员店始终坚持会员制，就是基于这一经营理念。"二八法则"不仅在经济学、管理学领域应用广泛，它对我们的自身发展也有重要的现实意义：学会避免将时间和精力花费在琐事上，要学会抓主要矛盾。一个人应该选择在几件事上追求卓越，而不必强求在每件事上都有好的表现；锁定少数能完成的人生目标，而不必追求所有的机会。一个人的时间和精力都是非常有限的，要想真正做好每一件事情几乎是不可能的，要学会合理分配时间和精力，要想面面俱到还不如重点突破，把 80% 的资源花在能出关键效益的 20% 的方面，这 20% 的方面又能带动其余 80% 的发展。

弗兰克·贝特格是美国保险业的巨子，他讲述了自己的故事：

很多年前，我刚开始推销保险时，对工作充满了热情。后来，发生了一些事，让我觉得很气馁，开始看不起自己的职业并打算辞职。但在辞职前，我想弄明白到底是什么让我业绩不佳。

我先问自己："问题到底是什么？"我拜访过那么多人，成绩却一般。我和顾客谈得好好的，可是到最后成交时他却对我说："我再考虑一下吧！"于是，我又得花时间找他，说不定他还改变了主意，这让我觉得很颓丧。

我接着问自己："有什么解决办法吗？"在回答之前，我拿出过去 12 个月的工作记录详细研究。上面的数字让我很吃惊：我所卖的保险有 70% 是在首次见面时成交的；另外有 23% 是在第二次见面时成交的；只有 7% 是在第三、第四、第五次见面时才成交的，而我，竟把一半的工作时间都浪费在这上面了。这个发现让我激动不已，又燃起了创造佳绩的激情，把辞职的事也抛到九霄云外去了。我该怎么做呢？答案不言自明：我应该立刻停止第三、第四、第五次拜访，把时间用于寻找新顾客。执行结果令我大吃一惊：在很短的时间内我的业绩上升了一倍。

这就是了解并运用二八定律后带来的改变。弗兰克发现自己一半的精力和时间都浪费在效益并不明显的 30% 上，所以业绩并不突出。在二八定律的影响下，弗兰克立即改变了工作方法，把大部分时间和精力用来寻找新客户——他们为他带来了 80% 的工作收益。

二八定律可以解决很多问题：时间管理问题、重点客户问题、财富分配问题、资源分配问题、核心产品问题、关键人才问题、核心利润问题、个人幸福问题等。

简单高效定律

简单高效定律即以盈利能力为导向，从不同角度、不同方面入手，让企业每一个环节都变得简单，变得高效。

思维简化。简单管理的前提就是：创新思维，如果没有对传统思维的突破，我们就很难找到简单的方法，或是找到了简单的方法，自己也不愿意实施。所以管理者在思维上就要树立"崇尚简单"的理念，凡事都从简单的角度去思考，能简单则尽量简单，不能简单时，也不要人为制造新的复杂。

组织简化，是指组织结构和组织职能的简化，即通过管理人员的合理配置，减少管理部门和管理人员的数量，进而降低管理层次和管理费用，达到提高效率的目的，管理实践证明：管理层级越简单越有效。许多管理复杂的企业，普遍存在人浮于事，因人设岗，职务重叠，相互交叉、扯皮、责权不明的现象，一方面浪费了企业资源；另一方面产生巨大的企业内耗，工作效率低下。通常组织机构设计应基于组织目标、业务流程和关键员工现状考虑。组织简化可以从以下三个方面着手：

减少管理层次。可设可不设的中间管理层一律不设。能直接管理的采取直接管理。

控制管理幅度。根据部门的特点确定所管理的人数。管理的人数太少会浪费资源，太多则会分散精力、降低效率。

减少管理人员。实现管理人员定编。各司其职，杜绝滥竽充数现象的发生。可以不设的助理、副职一律不设；可以合并的工序、班组坚决合并。

管理简化：韦尔奇强调，管理不需要太复杂。管理简化就是：化繁为简，以简驭繁，减负增效，聚焦重点，这是一种智慧。

如何让管理变得简单？管理学之父彼得·德鲁克说过：管理就是 "Achieve goal through others！" 翻译成中文的意思就是：通过别人实现目标。既然管理是通过别人实现目标，首先要做的必须是明确你想要的目标是什么；其次要做的就是，你准备让你的下属做什么来实现目标；最后，要随时督导目标及行动的进度，从而确保目标实现。看来，简单的管理无外乎就是：定位目标、制定行动方案、建设考核激励机制。总之，做好这三项工作就够了，少了这些工作内容就很难确保目标实现了。

制度简化。任何制度都可以简化。为了提高效率，管理者可以采用简便的方法加强企业内部的管理，做到"责、权、利明确，简单易行"。如宝洁公司的制度具有结构简单的特点，并且该制度能与公司的行政风格相吻合。

公司规模不论大小，其本质都应该是简单的，复杂只是人为所致。企业管理应该倡导简单的风气，运用化繁为简、以简驭繁的管理智慧，这才是最重要的。

　　制度简化具体怎么做？这个很简单，将过期不用的制度彻底清查一次，没有用的制度就让它作废。有些制度过去是用的，但随着社会经济环境的变化，现在它反而阻碍了公司的发展，像这些制度就要修改，把它浓缩到一页纸上。

　　流程简化。流程即一系列共同给客户创造价值的相互关联活动的过程。在传统以职能为中心的管理模式下，流程隐蔽在臃肿的组织结构背后，流程运作复杂、效率低下、顾客抱怨等问题层出不穷。

　　流程简化是一项策略，通过不断发展、完善、优化业务流程，保持企业的竞争优势。在简化流程的过程中，不是简单的裁减，而是对现有工作流程的梳理、完善改进和优化，以期取得最佳的效果。

　　流程简化就是对流程的优化，不论是对流程整体的优化还是对其中部分的改进，如减少环节，改变工时、工序、工艺，都是以提高工作质量、提高工作效率、降低成本、降低劳动强度、节约能耗、保证安全生产、减少污染等为目的。

　　优化流程要围绕优化对象要达到的目标进行。在现有的基础上，提出改进后的实施方案，并对其作出评价；针对评价中发现的问题，再次进行改进，直至满意后开始试行，正式实施。

　　流程优化的主要途径是设备更新、材料替代、环节简化和时序调整。大部分流程可以通过流程改造的方法完成优化过程。对于某些效率低下的流程，也可以完全推翻原有流程，运用重新设计的方法获得流程的优化。

　　在工作过程中一般遇到难以采用设备更新和材料替代优化流程时，可以进行流程改造。在此过程中，往往采取以下措施：

　　取消所有不必要的工作环节和内容。有必要取消的工作，自然不必再花时间研究如何改进。某个处理环节、某道手续，首先要研究是否可以取消，这是改善工作程序、提高工作效率的最高原则。

　　合并必要的工作。如工作环节不能取消，可进而研究能否合并。为了做好一项工作，自然要有分工和合作。分工的目的，或是由于专业需要，为了提高工作效率；或是因工作量超过某些人员所能承受的负担。如果不是这样，就需要合并。有时为了提高效率、简化工作甚至不必过多地考虑专业分工，而且特别需要考虑保持满负荷工作。

　　程序的合理重排。取消和合并以后，还要将所有程序按照合理的逻辑重排顺序，或者在改变其他要素顺序后，重新安排工作顺序和步骤。在这一过程中，还可进一步发现可以取消和合并的内容，使作业更有条理，工作效率更高。

　　简化不必要的工作环节。对程序的改进，除去可取消和合并之外，余下的还可进行必要的简化，这种简化是对工作内容和处理环节本身的简化。

如果决定采用重新设计流程的方法优化流程，可按以下步骤进行：

　　找出现有流程中存在的问题。要充分理解现有流程，以避免新设计中出现类似的问题。

　　提出新思路。集思广益，奇思妙想，提出新思路。

　　思路转变成流程设计。对新提出来的流程思路的细节进行探讨。不以现有流程设计为基础，坚持"全新设计"的立场，反复迭代，多次检讨，深入到一定细节的考虑，瞄准目标设计出新的流程。

检验新流程。新流程设计出来之后，应该通过模拟它在现实中的运行对设计进行检验。流程图是一个描述新流程的理想手段，检验前应画出流程图。

产品简化。爱因斯坦曾经说过："尽可能地简化一切事物，但不要简略。"产品简化虽然重要，但用户感受更重要。简约的产品设计固然好，但并不是越简单越好，清晰的表达效果更好，用户的感受更重要。

产品简化就像是挠痒一样，挠的地方不对，用力越大，反而可能会抓疼自己。只有上下都挠挠，找到真正的痒处，才能浑身舒坦。所以说，简化源程序除了要掌握好力度，更要找对重点、集中资源、突出精品。

因为我们每次考虑简化本身的优先级高于"让用户轻松愉快"，这本身就是一件让设计师羞愧的事情。产品简化的主要方法是尽可能减少无用的信息，合并相关的、去掉不必要的；精简冗长的、减掉不重要的；避免因产品规格过多、品种过多、产品功能过多、质量要求过高和包装过度而导致的大量资源耗费。

服务简化。服务简化要以"精简服务流程、优化服务质量、提高服务效率"为中心。积极转变工作思路，改变工作作风，变被动服务为主动服务，积极沟通，以"简单高效"为原则，调整业务流程，简化服务过程。

国务院办公厅（国办发〔2015〕86号）《关于简化优化公共服务

流程方便基层群众办事创业的通知》，专门部署了"简化优化服务流程方便群众办事"的相关工作，切实解决群众"办证多、办事难"问题，进一步提高公共服务质量和效率，为基层群众提供良好的服务，更好地推动大众创业、万众创新，激发市场活力和社会创造力。"通知"指出，为群众提供优质高效便捷的公共服务，是加快转变政府职能，推进简政放权、放管结合、优化服务改革的重要内容。要按照服务便民利民、办事依法依规、信息公开透明、数据开放共享的总体要求，全面梳理公共服务事项，简化优化办事流程，改进创新服务方式，不断提升公共服务水平和群众满意度。

刺猬理念

"刺猬理念"是美国管理学家吉姆·柯林斯在其《从优秀到卓越》一书中提出的一个理念。在古希腊寓言中，狐狸是狡猾的动物，能够设计无数复杂的策略，向刺猬发动进攻。但每次刺猬都蜷成圆球，浑身的尖刺指向四面八方。刺猬屡战屡胜。刺猬理念就是将事情简单化，只有将事情简单化，才可能集中精力去拼搏。研究日本综合性商社比如三井、伊藤忠、丸红等的运作模式时可以发现，它们看上去虽然很多元化，但实际上只专注于产业整合。它们勤奋而另类，低调但危险，浑身尖刺是最简单的防御，更是最有效的进攻。

说到竞争，许多企业想尽办法要把竞争对手搞垮，让竞争对手难受，我觉得没有这个必要。我反而认为是竞争对手培养了我们，没有必要像防贼似的防着竞争对手。刺猬理论最简单，不管对手如何强大，缩成一团就 OK 了。尽管市场竞争激烈，咱们也不和他们去拼。

有的参加培训的同学说要拷个课件，讲师却不同意，说这是知识产权，是秘密，特别是不能让竞争对手拿去。为了竞争，层层防备，我认为这就是复杂。竞争对手拿去了又如何，我们需要的是持续创新，课程的内容也需要不断创新，才能持续发展。有些企业为了竞争需要，搞了很多的策略，无所不为，甚至成立了专门的部门去应对竞争对手，打个没完没了的官司，结果是两败俱伤。现在同行如敌手的时代已经过去了，我们应该联合起来，成为战略合作伙伴，优势互补、共享资源。

思考题

一、何为奥卡姆剃刀定律？

二、简述简单高效定律。

三、二八定律主要运用在哪些领域？

第6章

是谁制造了复杂

在新常态经济环境下，企业对自己的逐渐发展壮大越发感到迷茫。这种迷茫往往导致其规模越来越庞大的同时，组织机构变得越来越臃肿，处理事务越发机械化和官僚化，管理越来越复杂，而效率却越来越低下。

什么原因导致了管理的复杂？企业是个小社会，可以说，社会上的问题都可以"浓缩"在企业中，也就是说，企业与社会一样具有复杂性。管理问题的产生多与人有关，也因此多与人的素质层次、利益分配、价值观等方面的差异有关，与人有关的权力架构和利益分配等衍生出来的问题往往成为工作中的痼疾。在管理运作中，如果组织成员之间的权力和利益争端太多，人为制造了太多影响效率的复杂，就会形成过度管理。企业管理过程涉及人、财、物、信息等多种要素，企业管理本身就是一项复杂的系统工程。另外，企业所处的市场环境的竞争秩序也会影响企业的经营管理绩效。导致企业管理复杂的主要原因有：信息不对称、人性自利、难以避免的非制度和非理性因素、管理中存在的"舍本逐末"陷阱等。在中国现阶段，企业家缺位、竞争环境无序等又大大增加了管理的复杂性。

帕金森定律

帕金森定律亦称"官场病"或"组织麻痹病"。这个定律解释了为什么一个机构或组织的规模常会超过实际需要以及个人效率降低的原因：他们给了一个计划太多的时间。"事情增加是为了填满完成工作所剩的多余时间。"

帕金森的结论是："一份工作所需要的资源与工作本身并没有太大的关系；一件事情'被膨胀出来'的复杂性，与完成这件事所花的时间成正比。"

帕金森定律是时间管理中的一个概念。帕金森定律表明：只要还有时间，工作就会不断扩展，直到用完所有时间。换一种说法是：工作总是会拖到最后一刻才会被完成。在行政管理中，行政机构会像金字塔一样不断增多，行政人员会不断膨胀，每个人都很忙，但组织效率却越来越低下。帕金森定律告诉我们这样一个道理：不称职的行政首长一旦占据领导岗位，庞杂的机构和过多的冗员便不可避免，庸人占据着高位的现象也不可避免，整个行政管理系统会陷入恶性膨胀，陷入无法自拔的泥潭。

1958 年，英国历史学家、政治学家帕金森通过长期调查研究，出版了《帕金森定律》一书。他在书中阐述了机构人员膨胀的原因及后果，一个不称职的官员，可能有三条出路：第一是申请辞职，把位子让给能干的人；第二是让一位能干的人来协助自己工作；第三是任用两个水平比自己更低的人当助手。

第一条路是万万走不得的，因为那样会丧失许多权力；第二条路也不能走，因为那个能干的人会成为自己的对手；看来只有第三条路最适宜。于是，两个平庸的助手分担了他的工作，他自己则高高在上发号施令。两个助手因为无能，也就上行下效，再为自己找两个无能的助手。如此类推，就形成了一个机构臃肿、人浮于事、相互扯皮、效率低下的管理体系。由此得出结论：在行政管理中，行政机构会像金字塔一样不断增多，行政人员会不断膨胀，每个人都很忙，但组织效率却越来越低下。

帕金森经过多年调查研究发现，一个人做一件事所耗费的时间差别如此之大：他可以在 10 分钟内看完一份报纸，也可以看半天；一个忙人 20 分钟可以寄出一叠明信片，但一个无所事事的老太太为了给远方的外甥女寄张明信片，可以足足花一整天：找明信片一个钟头，寻眼镜一个钟头，查地址半个钟头，写问候的话一个钟头……特别是在工作中，工作会自动地膨胀，占满一个人所有可用的时间。如果时间充裕，他就会放慢工作节奏或是增添其他项目以便用掉所有的时间。

帕金森举例说：当官员 A 君感到工作很累很忙时，一定要找比他级别和能力都低的 C 先生和 D 先生当他的助手，把自己的工作分成两份分别给 C、D，自己掌握全局。C 和 D 还要互相制约，不能和自己竞争。当 C 工作也累也忙时，A 就要考虑给 C 配两名助手；为了平衡，也要给 D 配两名助手，于是一个人的工作就变成七个人干，A 君的地位也随之被抬高。当然，七个人会给彼此制造许多工作，比如一份文件需要七个人共同起草圈阅，每个人的意见都要考虑、平衡，绝不能敷衍塞责。下属们产生了矛盾，他要想方设法解决；升级调任、会议出差、恋爱插足、工资住房、培养接班人……哪一项不需要认真研究？工作愈来愈忙，甚至七个人也不够用了……

帕金森用英国海军部人员统计证明：1914 年皇家海军官兵 14.6 万人，而基地的行政官员、办事员 3249 人；到 1928 年，官兵降为 10 万人，但基地的行政官员、办事员却增加到 4558 人，增加 40%。

帕金森定律深刻地揭示了行政权力扩张所引发的人浮于事、效率低下的 "官场传染病"。

帕金森定律虽然是以公共部门的人员膨胀为例，然而，企业中同样存在这种情况。现成的例子莫过于金融风暴打击下的美国三大汽车巨头。福特、通用、克莱斯勒，被媒体称为 "汽车工业的恐龙"。而三大恐龙的形成，同机构和人员膨胀有关。

没有三大巨头就没有底特律，这座汽车城的汽车员工达 30 多万。底特律的汽车产销量在 20 世纪 70 年代之前一直迅速增长，巨额利润带来的是员工的迅速增加和工资福利的快速上涨。撇开车型、质量等因素，单纯从人均产量看，当今日本的汽车企业每人每年生产汽车 67 辆，而美国的通用公司每人每年生产汽车只有 21 辆。迫于工会的压力，通用的工人工资和各项福利达到每人每小时 78.21 美元，而日本丰田的工人则是每人每小时 48 美元，再加上通用的医保开支是丰田的 10 倍，这种状况，恐怕斯隆（指艾尔弗雷德·斯隆，曾长期担任通用汽车公司的总裁及董事长，已去世。——编者注）在世也无回天之力。所以，帕金森定律不仅仅是揭示了政府机构的膨胀问题，同样也可以警示企业组织的膨胀问题。尤其是企业，稍有不慎，经营效益就会被恐龙化的机构和人员吞噬。

组织和规范制造了复杂

从广义上说，组织是指由诸多要素按照一定方式相互联系起来的系统。从狭义上说，组织就是指人们为实现一定的目标，互相协作结合而成的集体或团体，如党团组织、工会组织、企业、军事组织等。狭义的组织专门指人群而言，运用于社会管理之中。在现代社会生活中，组织是人们按照一定的目的、任务和形式编制起来的社会集团。它不仅是社会的细胞、社会的基本单元，而且可以说是社会的基础。

从管理学的角度看，所谓"组织"，是指这样一个社会实体，它具有明确的目标导向和精心设计的结构与有意识协调的活动系统，同时又同外部环境保持密切的联系。

组织结构是指，对于工作任务如何进行分工、分组和协调合作。组织结构是表明组织各部分排列顺序、空间位置、聚散状态、联系方式以及各要素之间相互关系的一种模式，是整个管理系统的框架。它是组织的全体成员为实现组织目标，在管理工作中进行分工协作，在职务范围、责任、权利方面形成的结构体系。组织结构是组织在职、责、权方面的动态结构体系，其本质是为实现组织战略目标而采取的一种分工协作体系。组织结构必须随着组织的重大战略调整而调整。

企业组织架构包含三个方面的内容：

单位、部门和岗位的设置。企业组织单位、部门和岗位的设置，不是把一个企业组织分成几个部分，而是企业作为一个服务于特定目标的组织，必须由几个相应的部分构成，就像人要走路就需要脚一样。它不是由整体到部分进行分割，而是整体为了达到特定目标，必须有不同的部分。这种关系不能倒置。

各个单位、部门和岗位的职责、权力的界定。这是对各个部分的目标功能作用的界定。如果一个组织的某个构成部分，没有不可或缺的目标功能作用，就像人的尾巴一样会萎缩消失。这种界定就是一种分工，却是一种有机体内部的分工。比如嘴巴可以吃饭，也可以用于呼吸。

单位、部门和岗位角色相互之间关系的界定。这就是界定各个部分在发挥作用时，彼此如何协调、配合、补充、替代的关系。

如果组织机构设置不合理，比如组织层级较多，机构臃肿，职责模糊，肯定会造成管理复杂，效率低下。

组织规范是指统一和制约组织成员行为的准则，它包括管理制度、运作流程、企业文化等，以此维系组织成员的行为和组织的有序运转。组织成员的行为准则和工作方法，必须以组织规范为依据。一般来说，组织规范对成员的有效约束力越强，组织凝聚力就越强，合力也越强；反之，组织规范对成员的约束力越弱或缺乏规范，组织凝聚力也就越弱，合力也越弱。组织规范过度势必造成管理活动过量，以致管理复杂，管理工作量增加，效率下降，利润锐减。

目标不明确造成了复杂

　　让工作变得复杂而没有效率的最重要原因就是"情况不明决心大"。因为不清楚目标，总是"瞎折腾"，浪费时间重复做同样的事情或是没有价值的事情；或者遗漏了关键的信息，在不重要的事情上浪费了太多时间。目标不明确事实上是工作复杂化的重要原因。在工作中，最大的浪费往往是因为没有目标或目标太多，让人"复杂和无所适从"。而"简单"则来自于清楚的目标与方向，知道自己该做什么、不该做什么。

　　许多时候，找到目标比用心去做更关键。因为不清楚目标，所以总是浪费时间重复做同样的事情或是不必要的事情。有时候，当我们还没有目标的时候，干脆就不要动手去做，否则，只会造成浪费，把事情搞复杂。

　　面临的变化越多，越需要更多的工作量确保每个人清楚成功的目标。坦白地说，大多数公司都缺乏这项训练。

　　最明显的挑战是目标太多，缺乏重点。多数参加调研的人说，他们的目标不明确是因为目标太多。比如，一家公司竟然糊里糊涂地试图使所有人团结在136个目标周围！

　　目标不明确，就像复杂的迷雾令我们看不到目标，让我们找不到方向，丧失信心，最终只能选择放弃。目标不明确也会让管理者在分派任务时，模棱两可，或把相似的任务重叠地交给不同的人。下属在接到含糊的任务或者是相互矛盾的指令时，往往会产生摩擦，造成不必要的时间和精力浪费。

追求完美造成了复杂

完美主义，往往是导致不完美、制造复杂的罪魁祸首。完美主义者总喜欢找刺儿，挑剔细节，看不得半点瑕疵。它就像一个放大镜，芝麻大的事情就能放大到西瓜的体积，再简单的问题也会"浑身长刺"，让你无从下手。世界上根本不存在彻底的完美，地球也不是一个完美的圆球，它肚子有点突，个头有点扁。丘吉尔说："追求完美主义，就等于让自己处于瘫痪状态。"有缺点，很好，这样才会不断改正。不完美，往往才是真正的完美。千万不要做为了 100 分，最终只拿到 0 分的"笨蛋"。

不要苛求完美，很多失败的例子都是由于过度追求完美造成的。工作马虎固然不可取，但过于追求完美，也可能背道而驰。如果一味追求完美，每个细节都要求准确无误，往往会忽视大局，降低效益，使许多人力物力浪费在一些无关紧要的地方，耽误很多时间和机会，延误工期，最终导致失败，将所有的资源付诸流水。简单管理的工作原则应该是"努力做到完美，但避免过度追求完美"。比如，过度追求产品的质量和功能的齐全，都会给企业带来沉重的负担。

无效沟通制造了复杂

沟通不畅是组织低效的一个基本原因。从人际关系到财务管理、运营和生产问题，无不与沟通有关。

沟通，并不需要正襟危坐，也不需要促膝长谈，这些都是形式上的东西。沟通的关键是要达成想要的结果。跟下属交待工作最好面对面，一次性说清楚，让对方重复一遍，确认无误就可以马上执行了。用不着报告、审阅、询问、修改、签字这么麻烦。

企业内部或外部的沟通，绝大多数都是信息交流，没有必要考虑形式，只要能够达到沟通想要的结果就可以了。如果什么事情都把来龙去脉讲清楚，事情就复杂了，时间不允许，机会也不等你。

在瞬息万变的世界中，人们往往缺乏对深入解决问题的关注。一切麻烦，如糟糕的流程设计、不充足的资源和不连续的供应链等都变成了沟通的问题。无效沟通制造了复杂。

管理者制造了复杂

管理大师迈克·波特说："经理人爱复杂，复杂可以让工作看上去更重要，可以用来证明金钱、时间和其他资源投入的合理性，可以为办事拖延找借口，可以为逃避责任提供理由。"长期以来，在我们的企业中，有一种传统的认识，认为管理者的职责是监视和控制，管理者只要监督部下的工作就行了。整个公司管理层只是互相交谈，互相发出信函；到处举办高层会议，确保公司运行正常，不出问题。结果，高级经理们沉溺于文山会海中，与现实失去了联系，不给基层管理者作决策、展示领导才能的机会。

在我们的周围，有许多很可笑、很无聊的工作制造了复杂，因此，带来了不少"没有价值的繁忙"。比如，为了迎接上级领导检查，提前准备、弄虚作假、费尽心机，忙得一塌糊涂，结果领导没来检查，变成了瞎忙乎。在组织管理活动中，也存在不少这种无聊的"繁忙和瞎忙"，如迎送领导考察、吃请应酬；精心准备、认认真真走过场、轰轰烈烈搞形式；赶写空洞无物的总结、汇报材料；耗尽心血编造数字，精心造假，套话连篇。本应十分优秀的管理者，却被如此多的无聊"工作"折磨得筋疲力尽。

简单是一种化繁为简的智慧，并不难掌握。然而，为什么对于大多数现代人来说，简单仍然是一种"奢侈品"？许多管理者每天被无休止的事情包围，在复杂的旋涡中挣扎着。是我们把生活复杂化了，还是我们已经忘记了什么是简单？追根溯源，总结起来大致有如下原因：

> » 追求完美，把简单的事情搞复杂。
> » 目标不明，走了很多弯路又回到原点。
> » 无效沟通，理解偏差。
> » 任务含糊，总在迷惑中做事。
> » 文山会海，常是无聊的扯皮。

当理智地审视自己的时候，我们发现在周围已经充斥了太多的不必要的累赘，这些累赘带给我们太多的麻烦：机构不断膨胀，流程越来越繁琐，效率越来越差；文件越来越多，计划书越来越厚；需要交流的人越来越多，可是交流却越来越困难；既定的人生方向常常被不可预知的事情改变；纷纷扰扰的世界迫使我们不得不同时制定几个奋斗目标；物质生活越优越，就越感觉空虚、紧张和沉重。是什么让这个世界变得如此复杂，没有了以前的简单？是我们自己制造了复杂，

管理者制造了更多的需要管理的事务！

思考题

一、是谁制造了复杂？

二、简单问题复杂化的原因是什么？

三、简述帕金森定律。

第7章

互联网＋简单管理

什么是"互联网＋"

　　什么是"互联网＋"？通俗来说，"互联网＋"就是"互联网＋各个传统行业"，但这并不是简单的两者相加，而是利用信息通信技术以及互联网平台，让互联网与传统行业进行深度融合，创造新的发展生态。

　　"互联网＋"是互联网思维的进一步实践成果，它代表一种先进的生产力，推动经济形态不断地发生演变，从而提高社会经济实体的生命力，为改革、发展、创新提供广阔的网络平台。它代表一种新的社会形态，即充分发挥互联网在社会资源配置中的优化和集成作用，将互联网的创新成果深度融合于经济、社会各领域之中，提升全社会的创新力和生产力，形成更广泛的以互联网为基础设施和实现工具的经济发展新形态。

　　几十年来，"互联网＋"已经改造及影响了多个行业，当前大众耳熟能详的电子商务、互联网金融、在线旅游、在线影视、在线房产交易等行业都是"互联网+"的杰作。

互联网时代有几个明显的特点：

信息爆炸。信息时代的到来，为我们获取信息、学习知识提供了便捷、廉价的方式与渠道。纵使没有学富五车，依然可以做到"秀才不出门，便知天下事"。过去的知识在于积累，所以读书多的硕士、博士比我们懂得多；现在的知识在于检索，硕士、博士不一定比我们懂得多，有时候小朋友也比我们懂得多，因为想知道什么，只要百度一下就知道了。

跨界打劫。这是一个我毁灭你与你无关的时代。这是一个跨界打劫你你却无力反击的时代，这是一个如果你醒来速度太慢你就不用再醒来的时代。

百度干了广告的事！

淘宝干了超市的事！

阿里巴巴干了批发市场的事！

微博干了媒体的事！

微信干了通信的事！

不是外行干掉内行，是趋势干掉规模，先进的取代落后的！

最近大家还听到最震撼的一句话是："移动说，搞了这么多年，今天才发现，原来腾讯才是我们的竞争对手。"最彻底的竞争是跨界竞争，你认为收费的主营业务，一个跨界的进来，免费，因为人家根本不靠这个赚钱。你美滋滋地活了好多年，结果到最后却不知道是怎么死的。腾讯微信的推出，8亿多用户，而且数量还在增加，直接抢走了中国移动、电信和联通的饭碗。微信免费，让舒舒服服地收了十几年通信和短信费的几大垄断运营商大惊失色。

阿里的支付宝对银行的冲击。这种跨界的竞争，你感受到了吗？支付宝"余额宝"的推出，18 天狂收 57 亿存款，开始抢夺银行的市场。

三马（马云、马化腾、马明哲）的网上保险公司的启动，预计未来五年将会有 200 万保险人员失业，其他保险公司将何去何从？

淘宝电子商务 2012 年有 1 万亿的销量额，马云的一个交易平台，年成交量竟是 1 万亿！相当于十几个省的地区生产总值。这导致以后的商铺租不出去，50% 的书店、服装店、鞋店、皮具店、精品店将倒闭！逼得苏宁、国美这些传统零售巨头不得不转型，逼得李宁服装关掉了全国 1800 多家专卖店，连往天上发了卫星的沃尔玛都难以招架。

马云正式宣布启动"菜鸟计划"，不知道行业大佬邮政快递会作何感想？如果马云"菜鸟行动"成功的话，24 小时内全国到货的梦想将会实现，那么这些零售巨头的命运又将会怎样呢？

典型的案例如瑞星杀毒收费，360 杀毒全部免费，让整个杀毒市场翻天覆地。360 杀毒软件的推出，直接把杀毒变成免费的，淘汰了金山毒霸。

如果有一天你隔壁开火锅店的张三，卖手机卖得比你好，你不用惊讶，因为这是一个跨界的时代，每一个行业都在整合，都在交叉，都在相互渗透。如果原来让你一直获利的产品或行业，在另外一个人手里，突然变成一种免费的增值服务，你又如何竞争？如何生存？

未来十年，是中国商业领域大规模"打劫"的时代，所有大企业的粮仓都可能遭遇"打劫"！一旦人们的生活方式发生根本性的变化，来不及变革的企业，必定遭遇前所未有的劫数！

沃尔玛正在关闭它的多家超市，这个曾经的世界第一超市，正在面临醒过来之后如何转身。至于其他各类恐龙级的商业巨头，说真的，活下去都是一种耻辱！可惜，大多数人到现在还在把那些所谓亿万富翁当回事，在那里膜拜，却不知道，他们已经身心疲惫、头昏脑涨，看不清前途，找不到归路！

更有甚者，居然还在扩张，还不知道进退！越来越快，一切都处于大规模变革之中。无论是哪一家公司，如果不能够深刻地意识到金钱正随着消费体验的改变而改变流向，那么，无论过去他们有多成功，未来都只能够苟延残喘，直到被尘土掩埋。

跨界的，从来不是专业的。创新者以前所未有的迅猛，从一个领域进入另一个领域。边界正在模糊，传统的广告业、运输业、零售业、酒店业、服务业、医疗卫生等，都可能被逐一击破，而更便利、更关联、更全面的商业系统，正在逐渐形成。世界开始先分后合。分的，是那些大佬的家业；合的，是新的商业模式。

机场，不能够是一个娱乐场么？不可以成为最重要的社交中心么？微信只是一个萌芽，摇一摇的背后，真正的契机在于，人们正在从家庭、办公室走出来，进入一个极大的、广阔的社交需求时代。还在留恋你的路边广告牌？还在把大把的钱投向电视广告？还在以为分众的电梯广告占据了终端？都过时啦！

要知道，未来谁的 WIFI 覆盖率越高，谁就越可以占据终端用户的心。租个有足够流量的数据包，使人们习惯从你这里进入免费的WIFI，你的广告价值将无可限量。

未来，酒吧还是酒吧么？咖啡厅只喝咖啡么？酒店就是用来睡觉的么？餐厅就是用来吃饭的么？美容业就靠折腾那张脸么？肯德基可不可以变成青少年学习交流中心？银行等待的区域可不可以变成新华书店？飞机机舱可不可能变成国际化的社交平台？

你不敢跨界，就有人跨过来"打劫"。未来十年，是一个"海盗嘉年华"，各种横空而出的马云、马化腾会遍布各个领域。他们两个只是开了个头而已，接下来的故事是数据重构商业，流量改写未来。旧思想渐渐消失，逐渐变成数据代码。大数据时代，云计算的发展，一切都在经历一个推倒重来的过程。

你瞧不起、看不见、不以为然的直销，现在正在以突飞猛进的速度取代传统的营销模式。未来几十年将是直销业的天地，不看学历、背景、能力的低门槛的创业方式受到青睐，冲击着各大企业的就业难题。同时，它也引来商界、演艺界的名媛富豪纷纷加入。

一张文凭用一辈子，一个单位待一辈子，开个门面就赚钱的时代过去了。思想有多远，就能走多远。不去改变脑袋，就无法改变口袋。

所以，未来的竞争，不再是产品的竞争、不再是渠道的竞争，而是资源整合的竞争，是终端消费者的竞争。谁能够持有资源，持有消费者用户，不管他消费什么产品、消费什么服务，你都有能够盈利的时候。这样，你才能够保证你的利益，才能立于不败之地。

世界急剧变化。曾经有一家世界 500 强企业，名叫"柯达"，在 1991 年的时候，其技术领先同行 10 年，但是 2012 年 1 月却破产了，被做数码的干掉了。当索尼还沉浸在数码领先的喜悦中时，突然发现，原来全世界卖照相机卖得最好的不是它，而是做手机的诺基亚，因为每部手机都是一部照相机。近几年索尼则大幅亏损。

然后呢？原来做电脑的苹果出来了，把手机世界的老大诺基亚给干掉了，而且让其没有还手之力。2013 年 9 月，诺基亚手机业务部门被微软收购了。

国美醒来的速度太慢，等它睁开眼睛时才发现，仓库里只剩下一地的悲伤，京东早已实现明目张胆的"打劫"。

苏宁总算懂得翻个身子，好歹知道有人正在"打劫"！而中国联通和中国移动，实在是沉睡难醒，毕竟牛了这么多年，加上有政府的支持，怎么都不相信，一个马化腾，就可以在短短几个月内，直接开仓取钱！一个微信软件的运用，在功能上足以把这两个巨头赶尽杀绝！难怪现在急得跳脚，做出很没有水平的举动，让"江湖大盗"马化腾，狠狠地嘲笑了一番！

"互联网+"给我们带来了全球资源整合大平台，彻底改变了传统行业，改变了传统生活方式，改变了世界。

让创业变得简单

互联网在我们的生活中随处可见，很多人几乎每天都要接触互联网。互联网的普及也给我们的创业带来了机会，不少人利用互联网创业，取得了很大的成就。

想要在互联网创业，一个人的力量是非常单薄的。互联网为我们提供了很好的交流平台，创业者们可以利用这个平台，来寻找合作伙伴，将大家的聪明才智集中到一起，这样创业成功的几率就很大。

如今的互联网在很多领域都有非常成功的案例，但是这也不妨碍我们继续在这个领域开拓。即便是在某个领域失败了，我们还可以转向另一个领域。互联网最大的好处就是，你可以充分发挥你的想象力来获得创业的成功，所有现实中认为不可能的事，在互联网中都可以成为可能。

很多人都知道最早一批走红网络的"山货郎"——王小帮。王小帮，山西吕梁临县人，1978年出生，初中文化，曾在北京打工6年。在此期间，他拉过沙子、开过出租、卖过矿泉水……在许多行业都曾流下过辛劳的汗水。也正是在那个时候，租住在中关村的王小帮第一次接触到了互联网。看着同样来京打工的邻居们在网上买东西、卖二手货，王小帮觉得互联网真是个好东西。于是，他用人家淘汰下来的旧键盘练习打字，捧着一本从海淀书城淘来的《网上开店创业手册》读得津津有味。

2006年年底，王小帮回到了家乡临县。那时候，他家所在的村还没有通网络，王小帮就跑到县城的网吧去注册了一个旺旺号，从此开启了他的电商之路。然而，他的电商之路并不一帆风顺。他说："刚开始，我尝试在淘宝上卖自己屯的书，结果一本也没有卖出去。后来，我和网友聊天，有网友说：'靠山吃山、靠海吃海，你们那儿有啥你就卖啥呗。'我就想到了自己家的五谷杂粮。"受到启发后，王小帮用当时自己像素不高的手机给家里种的红枣、核桃、小米等拍了照片，上传至淘宝。一开始，王小帮的特产问的人多却没有人敢买，直到一位同样开淘宝店的深圳女士在买过之后，推荐给了她的顾客、朋友，一传十，十传百，他的生意才渐渐地好起来。2013年，他的网店年销售额已达600多万元。2014年，应马云之邀，他成了阿里巴巴纽约上市时的8位敲钟人之一。这位出身于山西吕梁临县木瓜坪乡张家沟村的农民淘宝店主，没有想到马云会在2014年9月19日阿里巴巴上市——这个纽交所当时最大的IPO钟声敲响时，将他放在全世界的聚光灯下。他更没有想到，阿里上市的钟声刚刚敲响，作为淘宝"网络创业先锋"的自己更火了。王小帮淘宝店的日访问量瞬间翻了一番，达三四千人次。

让融资变得简单

一直以来，钱就是创业面前的一个壁垒。而众筹则颠覆了传统的融资模式。

众筹翻译自国外 Crowdfunding 一词，意为"大众筹资"或"群众筹资"，香港译作"群众集资"，台湾译作"群众募资"，是指一种向群众募资，以支持发起的个人或组织的行为。它由发起人、跟投人、平台构成，具有低门槛、多样性、依靠大众力量、注重创意的特征，人人都有机会成为天使投资人和公民投资者，众筹打破了融资壁垒，展现出颠覆传统融资模式的无限想象空间！

一般而言，众筹是通过网络上的平台联结起赞助者与提案者。群众募资被用来支持各种活动，包含灾后重建、民间集资、竞选活动、创业募资、艺术创作、自由软件、设计发明、科学研究以及公共专案等。著名私人、公共和社会企业众筹方案调查咨询公司 Massolution 的研究报告指出，2013 年全球总募集资金已达 51 亿美元，其中 90% 集中在欧美市场。世界银行报告更预测，2025 年，众筹总金额将突破 960 亿美元，亚洲占比将大幅增长。

只要你有一个好的想法，好的创意，就不怕没有钱。

2017 年 6 月 16 日，摩拜单车再次宣布完成超过 6 亿美元的新一轮融资，这一数字创下共享单车行业诞生以来的单笔融资最高纪录。

摩拜单车联合创始人兼 CEO 王晓峰表示："作为全球智能共享单车首创者和领导者，摩拜单车始终以创新模式、创新科技和创新服务引领着城市共享单车的发展，与用户一起不断创造增长的奇迹，不断影响和改变着城市交通、环境和文明，并获得了一大批认同摩拜单车愿景的投资者和战略合作伙伴的坚定支持。"

红杉资本全球执行合伙人沈南鹏表示："过去一年多来，摩拜单车的高速发展和创新能力令人印象深刻，已建立了显著的市场领导地位和竞争优势。红杉中国一直以来非常看好摩拜单车的长期发展和未来的全球化扩张，我们希望能在助推摩拜单车向世界输出中国创新的路上贡献我们的力量。"

值得一提的是，腾讯继 C 轮投资、D 轮领投摩拜单车后，E 轮再一次领投摩拜。除持续战略投资外，腾讯与摩拜单车已经在多个层面上展开合作，并取得了亮眼成绩。2017 年 2 月，摩拜单车成为首批入驻微信的"小程序"，用户可以通过"扫一扫"直接扫码解锁用车。3 月，摩拜单车全面接入微信，入驻微信钱包"九宫格"，深度接触微信超过 9 亿的月活跃用户。

正是由于摩拜的多个"第一"，才吸引了众多企业争相投资。随着新一轮融资的顺利完成，摩拜的资金实力也将更加雄厚。

让销售变得简单

　　电子商务全面冲击着传统销售行业，让销售变得简单。7天连锁酒店利用微信在一个月内，将会员从30万快速倍增到100万；凯迪拉克通过30天的推广，吸引37万精准粉丝，轻松省去1000万推广费；"90后"学生通过微信卖水果，没店铺，没店员，实现月入8万的奇迹；金凤成祥微信会员卡上线97天，2013年9月累计开卡数163276张；陈坤微信公众号一天最高净收入就达700万元，引起外界一片哗然；洲明科技电商最高销售额为一天2400多万元。

　　2016年，天猫"双11"购物狂欢节全天总交易额达到了1207.49亿，远超2015年的912.17亿元，其中无线交易额占比82%，交易覆盖235个国家和地区。8年前，阿里把11月11日从光棍节变成狂欢节；8年后，阿里又把这个数字变成自己巨大的交易额。整整24小时，"双11"全球狂欢节现场大幕一直在滚动，数字从0到1207亿。14分钟后，2012年被甩在身后；1小时后，2013年被甩在身后；6小时54分后，2014年被甩在身后。2017年天猫"双11"活动最终以1682亿元的交易额结束，其中无线成交占90%。"双11"期间，天猫还有多项数据打破了历年纪录。在天猫新零售落地、全球化全面推进的背景下，在此次天猫"双11"活动中，全球超过14万个品牌投入1500万种好货，海内外超过100万商家线上线下打通，52个核心商圈、近10万智慧门店、超50万家零售小店等共同参与。

让管理变得简单

网络平台打破传统模式，让各行各业的管理变得简单高效。以移动互联网为代表的"互联网+"的技术力量，推动企业的生存环境发生了重大变化，互联网的发展，改变了企业原有的管理方式，同时也不断提升着企业的管理效率。互联网的发展，让企业内部管理利用互联网实现在线办公、移动办公。企业的网站、移动端、APP、微信平台等接入企业 OA 管理，使用"简单高效智慧管理系统""简单管理工具"，实现随时随地"精准决策，高效管理"。互联网以最快的速度传递信息，这些信息反映了政策动向、消费走向、市场需求、人力资源等，直接影响企业的决策。人们通过互联网传递信息、交流经验，可以第一时间拿到需要的资料，掌握先发制人的主动权，让决策变得简单，让交流沟通变得简单，让管理活动全过程都变得简单高效。

让培训变得简单

网络在线教学平台作为教学网络化大潮中兴起的一种新产品，在网络教学中的作用自然不可小觑。网上教学平台的出现，让高等教育、地方党校、培训机构、基础教育、智慧教育、名师补课、应急响应教学、掌上家长会、企业培训、成人教育、直播课堂等都变得简单，为教师以及学生都提供了很大的帮助。

人们可以随时随地利用碎片时间在线学习，可以收看直播、点播，快速搭建名师网络课堂，用电脑、手机、iPad 等多种在线观看工具，学习丰富的知识，利用大数据与云计算技术融合帮助用户优化培训资源配置，了解后台数据分析统计有效监控学习过程。

在线学习平台主要通过记录学员在线上参加的课程培训、考试竞赛、试题练习、调查问卷和培训交流等情况，实现对学员学习情况的全程跟踪管理和对员工学习培训需求的全面掌握。

企业可以通过虚拟大学，实现对员工的远程培训，还可以将学员在线下参加过的培训、考试等内容导入到平台中，组成完整的学员学习培训档案，为管理者对员工素质进行公正评价和准确分析提供有力的数据支持。

在线培训告别了冷冰冰的课堂，线上线下同时互动，让培训课堂"活跃"起来；形成更加开放、互动的培训场景，加入了多重互动设计、实时桌面共享、同步录制、实时点名和角色模拟；在线培训平台使用灵活、管理轻松，能提供多种培训模式，支持直播、点播、录播和插播，实现碎片化学习和碎片化管理，将企业培训的价值最大化，提升企业盈利能力，向培训要效益。

思考题

一、互联网时代的特点是什么？

二、互联网为何迎来了简单管理新时代？

三、互联网如何让管理变得简单？

简单管理 核心价值 第**2**编

SIMPLE MANAGEMENT

PART TWO

简单
管理

第 8 章

化繁为简

　　简单管理的核心价值就是"化繁为简、聚焦重点、倍增利润"，着重解决企业"管理效率、盈利能力、持续发展"问题，帮助企业"做大、做强、做快、做长"，引导企业走向卓越经营之路，成就非凡业绩，打造商业帝国。

　　实现简单管理核心价值的途径，对企业来说，就是以盈利能力和发展能力为导向的化繁为简，即"裁减影响效率的复杂，抛弃没有价值的繁忙"，这两句话的结果是减负增效，倍增利润，让我们的经营业绩和赢利能力快速增长。凡是做过企业的朋友都知道，创业是艰难的，而守业更难，我们很累、很忙，甚至忙得吃饭都没时间。我问过很多企业家朋友：你忙得连吃饭都没时间，你到底在忙什么？他说当然是忙工作。我说忙工作是为什么？他说为赚钱啊！我问赚了吗？他说不好意思，去年还亏了。这就是"瞎忙"了。我们努力工作是为了赚钱，可结果却没有达到，也就是没有实现预期的目标，那么没有实现预期目标的繁忙就是"瞎忙",所以我悟到一个道理:努力是必然的,繁忙也是不可避免的,我们当然要鼓励努力地工作,但更要鼓励的是聪明地工作。我们所指的聪明地工作就是简单管理,我希望大家能跳出瞎忙乎的迷宫,享受简单管理的成功。

化繁为简"三要素"

简化理论。管理理论高深莫测,管理正在变得越来越混沌,东方的中庸之道、统御学,西方的领导力、战略、科学管理等,大师出了不少,著作满街都是,总之是各领风骚数年也就烟消云散、销声匿迹了。真正帮助我们实践应用的管理理论则不多。有不少管理者学习一个管理理论,就去实践一下,因为不是所有的理论都适用于自己的企业。有个地级市推行"精益管理",结果弄得企业内部管理都变得复杂了,大家意见很大,政府出钱来推行,大家也不满意。后来领导了解了简单管理,觉得很不错,于是就开始海选部分企业推广简单管理,获得了良好的效果。

精益管理在美国、在日本确实是非常先进的管理。我们理解"简单管理与精益管理"并不矛盾,我们只需要用简单的方法去实践,不要那么多程序,不要那么多报表而已。所以,不是所有的管理理论对我们都有用,在诸多的管理理论面前,我们要学会取其精华,为我所用。

简化问题。简化问题就是去繁为简,要事为先,将复杂问题简单化。我们遇到问题时,先要看能不能将它简单化。比如,可开可不开的会议就不开。因此在开一个会前,要先想一想有没有必要开这个会，会议的主题是什么，要解决什么问题，如果没有十分必要就取消它。开会是管理中有效沟通的一个重要手段，是为了传达内容、信息共享及交流探讨问题、解决问题。在几十年前，通信落后的时候，开会是必要的管理沟通手段，现在已经是移动互联网时代，可以建一个公司管理微信群或者部门群，有什么任务或者信息，只需要在群里发个消息就可以了，大家就都可以在群里交流，也就没必要开会。所以说"互联网+"，迎来了简单管理新时代，它让各行各业的管理都变得更加简单高效。

有时候看似复杂的问题，其实很简单。

很久以前，有一个钢铁公司的老板叫斯瓦特。像我们很多企业家朋友一样，他也想去寻求一个比较简单高效的方法。有一天，这个老板找到了一个管理效率专家艾维·李，问他能不能告诉他怎样把钢铁公司做强、做大。按照我们现在的说法，这是一个公司持续发展的问题。像这种问题，可以很复杂，你可以请一个咨询公司做个发展战略规划。我看到过很多企业的发展规划写了一大本，大概一寸厚，让你看都看不明白，更何况要实施。

艾维·李告诉斯瓦特：只要按我的方法去做，你们公司就可以很快成为一家又强又大的钢铁公司。他让这个老板拿出一张纸，然后在纸条上写上明天要做的事情，写上6件。写完之后，艾维·李又让他把明天要做的这6件事情的重要程度排个序。然后告诉他：你要做强、做大，办法就在小纸条里，你把它收好，明天一上班，你再打开这个纸条，然后按照你排的顺序，先把最重要的事情做好，然后再把次重要的事情做好。希望你公司全体员工，都按这个办法做，保准你们公司会很快得到发展。老板问他该给他多少钱，艾维·李告诉他：咱们先不说给钱，你按这个做一个月，你认为值多少钱，你再给我多少钱。

就这样做了一个月，据说公司的总体效率提高了50%，部分工作效率提高了70%。大概是5年以后，这个钢铁公司成为世界上最大的钢铁公司。你看，做强、做大就这么简单，只花10分钟就知道了。后来，斯瓦特给艾维·李开了一张5000万美元的支票。这就是管理史上最有名的"价值5000万美元的建议"。

简化决策。管理者几乎每天都在做决策，有些决策过程很复杂，很长时间都没结果，哪怕有结果，有时候也不一定是对的。实践表明，很多项目经过专家非常严格的评估，经过非常复杂的决策过程，决策的时间相当漫长，可最终出来的结果却不一定是对的或者不一定是好的。有些企业家朋友拍脑袋说要上市，也没找谁来规划过，他甚至不懂上市有什么好处，也不知道怎么个上法，他就知道上市要求年销售收入最少连续三年增长30%以上，就这么简单。他想了就努力去行动，结果没过几年，他的企业就上市了。很多时候，做决策时，不必太在乎资源和条件，因为资源可以开发，条件可以改变，不必顾虑太多、踌躇不前，反而错失良机。简化决策流程就是快速反应，捷足先登。

裁减影响效率的复杂

影响效率的复杂就是"瞎折腾"，就是"没事找事做"，重复一些不必要的工作，或者重复一些没有意义的事情。"瞎折腾"的四大表现：

> » 文山会海，折腾效率。
> » 急功近利，折腾发展。
> » 虚报浮夸，折腾领导。
> » 吃拿卡要，折腾群众。

文山会海即过度使用语言文字。有的员工向上级汇报工作，明明几句话能说清楚的事，却要写个 4 页纸的报告，让人看了半天也云里雾里，你要当面问他打这报告是什么意思，他几句话就说明白了。这种用简单语言可以说明白的事情，却要写这么一个复杂的报告，这就是典型的简单事情复杂化，就是"瞎折腾"。

现实生活中，有很多的"复杂"影响了效率，有很多的"繁忙"没有价值，比如"瞎折腾"和"瞎忙乎"。还有些复杂造成了"过度管理"，带来了过度的繁忙和劳累。常见一些领导"两眼一睁，忙到熄灯""吃饭有人找，睡觉有人喊，走路有人拦"，整天忙于应付，老板成为"板老"。有个老板告诉我：他不敢出差，因为他出去没几天，家里就乱成一团糟。在外面他整天提心吊胆，每天几十个电话进行遥控。他不在，那些管理人员便无所事事，不知做什么好。一回来，他们又争先恐后汇报请示，让他就像坐堂门诊。这是这位老板的悲哀，其悲哀在于事必躬亲，大事小事一人说了算，久而久之，就养成下属的惰性和依赖性。实际上，领导出差几天，公司根本不会有什么问题，这都是因为我们"过虑"了，就算有问题下属也会来电话请示，用不着过度担心。现在，有了微信，许多部门、管理层、董事会都分别设有微信群，有什么事在微信群一发，大家都知道了。这让沟通变得更快捷，信息共享更顺畅，根本不需要搞得那么复杂了，许多会议也可以免去了。

有些企业用一个电话就能解决的事情，却偏偏要开一个会；明明半天的会就能解决的问题，却偏偏要开一整天的会。还有的企业会议多如牛毛，什么早会、晚会、周例会、月例会、专题会、总经理办公会、质量例会等，会议没完没了，效率却低得离谱。会议决议执行得怎样？有没有谁去跟进？有些公司连会议纪要都没有，又如何去落实、去跟踪？有的公司虽有会议纪要，可内容全是大话、空话，如"大家共同努力，相关部门密切配合，争取月底完成任务"。没有落实到具体事项、执行者是谁、具体的完成日期，这样的会议纪要完全不可执行，写了等于没写。

"瞎折腾"有时表现为形式主义，如 ISO 9001 体系中有一个重要考核指标叫"客户满意度"，这种考核从理论上说是可行的，但在实际上却是不可操作的，没有意义的，因为客户对于价格永远不满意，要真让客户满意就是让企业倒闭。哪怕客户对你很不满意，只要他继续下单，就可以视为满意，用不着搞什么客户满意度调查。如果客户给你的满意度是 100%，他没有再继续下单，你需要哪一个？所以说，继续下单比满意度重要。很多的客户对销售人员说，客户满意度调查表你自己填吧，我给你盖个章就好了，结果造成了虚报浮夸的现象，这种形式主义的"客户满意度调查"是劳民伤财的，没有意义的。

有的企业做绩效考核，大都采用 KPI，从四个维度，设置了近 50 个绩效指标，考到要发工资了还没有算出绩效，越考消极因素越多，矛盾越大。这种过度的考核，就是影响效率的复杂。比如对于业务的考核，我认为有两个指标就足够了。第一个指标就是业务量，第二个指标就是货款回收。有的企业还考核毛利率，这个出发点是好的，鼓励业务员把产品价格卖高一点，提高利润率，大部分 MBA 课程讲绩效考核也有这个指标。但实际上也是不可以操作的，你说这"毛利率"怎么考？毛利率是企业最核心的商业秘密。如果毛利率考得满天飞，如果有一天员工离开了公司去跟客户说，我原来的公司毛利率有多高，这后果是不言而喻的。况且毛利率一般掌握在老板手中，因为是老板定的价，毛利率不是业务部门可以掌控的。有些还考什么敬业度、忠诚度，那就更离谱了，比如夫妻俩生活了几十年，也不知道"忠诚度"是多少。

因此，很多管理者一看到考核就发怵，太复杂了！每个人的岗位、职责、目标、要求都不一样，需要根据不同情况分别制订考核的标准、方法和细则。常用的 KPI 有四大类近 50 个指标，工程浩大，浪费时间。简单管理就是要简化考核指标，找出每个工作岗位与业绩密切相关的指标，即关键业绩指标。最好 2～3 个指标，最多不超过 5 个，把一些与业绩无关或关联度不大的指标删除。在描述指标时，避免使用形容词，如"及时""准确""忠诚""敬业"等模棱两可的词语。尽可能用量词，如"15 天内收回货款"。

裁减影响效率的复杂是一场管理革命，其任务是使复杂的事情简单明了，不要"瞎忙乎"，发布适当的指令。这种指令鼓励改革、试验、思想产生、革新和学习。这种指令来源于条理化的训练。简单绝不意味着单纯。人们经常把简单和单纯混为一谈。殊不知差之毫厘，谬以千里。简单是一种行之有效的思维方式。

我们在寻找解决问题的方法时，首先要考虑的是：我们能够采取什么样的简单方法，并轻松地加以执行，而不是向复杂的方向前进。处理问题的思维方式，应该遵循的原则是：

> 所有复杂的方法都是错误的。
> 尝试换一个角度去思考，没有简单的方法宁可不做。
> 保持良好的心态，冷静、乐观地做事。

改变我们的思维习惯，在做任何决策，完成任何任务的时候，如果都坚持按照简单原则去做，抛弃一切复杂的手段，那么所有的事情都会变得简单而高效。

只有崇尚简单，才能在处理问题的时候直奔主题，实现真正的简单管理，提高工作效率。当人们把复杂的问题简化了，完成一个任务的时间就会减少，效率自然就提高了。实行简单管理不是放任不管，而是换个角度去思考，换一种更简单、更有效的手段去管理。如简化思路、简化问题、简化工作、简化决策流程、简化考核，搞清问题的本质，聚焦重点，抓住问题的核心，那么所谓的"难题"就会变得非常简单，解决起来就会轻而易举。把"复杂问题简单化"是解决问题的最好方法。

顺应规律可以使复杂的事情变简单，否则，会使简单的事情变复杂。"无为"首先是指保持一种组织稳定的常态，不做那些脱离客观实际，违反客观规律的蠢事。其次，是把有限的精力、时间节省下来去做那些应该做、能做好的实事，而不要浪费时间在那些连篇累牍的空话、套话和摆形式主义的花架子上。"无为"也是管理者的一种心态，即豁达、自信、大度、睿智、平易近人和恬淡。管理者以"无为"的心态达到"无所不为的境界"，以"无为"的管理方式实现"有所作为"的目标。

流程再造，一直是管理界非常关注的命题。流程再造的目的是提高效率，缩减不必要的中间环节，节省时间和成本。从这个角度来说，流程再造是简单高效的又一种实现手段，是"裁减影响效率的复杂"的有效途径。某货车公司从前的制度和流程都是非常复杂的，公司销售代表首先要拜访客户，获取零件规格，然后交工程师设计样品，再交工厂模具车间做模具，再交给制造车间浇制和零件组装。最后，由销售代表将成品交给客户。这个流程需要 20 周。后来，公司简化了流程，时间缩短到 3 周。

删除与合并，是简化流程的一个重要工具，也是一个简单而有效的工具。删除不必要的环节，不必要的应酬，不必要的人和事，不要留恋，立即放弃。合并性质相近的事情，能在同一条件下解决的事情，不要分开来做，立即合并。有些事情可以汇总起来一次性完成，尽量减少重复劳动。删除很容易，合并也很简单。企业内部的管理事务可以合并，企业对外的业务也同样可以合并处理。比如产品开发、项目合作等，用删除减少消耗，用合并提高效率，用合作实现双赢。

在日常管理活动中，首先要做的是简化文案。能用一页纸说明白的，绝不用两页纸；能用一句话说清楚的，绝不用一页纸；能口头说清楚的，绝不用文字；能短话说清楚的，绝不说长话，比如，宝洁公司总裁要求员工的报告在一页纸上搞定。

其次是精简会议。可开可不开的会议坚决不开，开会要有目的、有明确的主题、要有重点的发言，避免海阔天空、没完没了。与主题有关的人参会，无关的人不要按级别来参会。比如讨论什么财务专题，让无关的领导坐在那里，他一定会觉得很不舒服，白白浪费他的时间，要知道，散会后还有一堆事情在等着他去做呢。会议纪要一定要写得非常清楚，做出什么决定？干什么事情？由谁去干？花多少钱干？什么时候完成？干完后谁去检查？没干好，责任怎么追究？一定要写得清清楚楚。

再次是简化交际应酬，简化人际关系，可节省自己的时间，也节省对方的时间。与客户交往，只要能让客户了解公司，了解公司的产品和文化就可以了。真正优质的客户，最关心的不是这个公司老总的活动能力，而是与这个公司合作是否能得到利益，是否能共赢，是否能为他带来商业价值。简化人际关系，旨在创造简单的工作方式、交往方式和沟通方式，主要有四个层次：

» 筛选交际和应酬的对象。

» 去掉一切不必要的虚荣。

» 讲究效率控制应酬时间。

» 创立简单的人际关系。

抛弃没有价值的繁忙

没有价值的繁忙就是"瞎忙乎"，忙而无效，忙而无序，忙而没收获，没有效益。事实上有许多人都在瞎忙，虽然看上去忙忙碌碌，却总是见不到结果，工作绩效没有明显提升，或者可以说是一塌糊涂。

人们经常会听到许多管理者抱怨工作繁忙，一周几乎每天都在加班。没有时间健身、锻炼，身体长期处于亚健康状态；也有人抱怨知识更新迅速，没有时间充电。这些抱怨源于不能有效地运用时间，缺乏时间管理的技巧，使自己陷入"没有价值的繁忙"中。把有限的时间花在最有价值的地方，这是做事的原则。成功与失败的界线就在于，怎样分配时间和安排工作。我们倡导努力工作，但更要聪明工作，不要让自己陷入繁忙的陷阱，应该"跳出瞎忙乎的迷宫"。

一些企业老板整天都忙碌，不是忙于审核签字，就是忙于听取汇报；不是忙于接待，就是忙于会议。其实，这些身处百忙之中的老板应该问自己：这些事情是否必须要做，是否必须由自己亲自来做。作为企业负责人，应该把精力放在选择合适的经理人并激发员工的工作热情上，多一些时间思考企业的发展规划和经营方针。

抛弃没有价值的繁忙，就是以最简单的方式告别"瞎忙"。在错综复杂的内外矛盾之中驾驭矛盾、把握尺度、聚焦重点，也就是集中配置资源、整合资源，提高组织整体运行速度与效率；在企业经营管理活动中，准确找到并把握事物的本质和规律，以战略的眼光去感知机会、把握机会、创造机会，致力于培育企业核心专长与技能，聚焦重点、突出优势，抓住企业成功关键因素。

化繁为简非常重要，简单化有利于让人们达成共识，团结一心形成最大的合力。一般情况下，复杂的东西都缺乏速度，不能迅速地达成目标，没有较高的效率。没有合力、没有速度，企业就不能很好地形成核心竞争力。

你的繁忙是否有价值，主要看你所忙的事情是否与你要完成的目标存在正相关。你工作做得好，目标就完成得好，忙到了点子上，这就是具有价值的繁忙。如果忙忙碌碌都没有达成目标，甚至还远离了目标，这就是没有价值的繁忙，就是"瞎忙"。我们要抛弃的就是那种与目标不相关或负相关的繁忙。

跳出瞎忙乎的迷宫

现代社会中，"忙"已经成为我们生活的常态。忙着完成各种工作任务，忙于学习培训，忙于会议传达，忙于客户应酬，我们无时无刻不在忙。而且大都是瞎忙。因为没有目标，缺乏计划，眉毛胡子一把抓；不能专注，三心二意，常出差错，反复折腾；不懂方法，白做很多"无用功"。

如果你整日奔波，异常忙碌，那么，你就很有必要想一想，你是不是在"瞎忙"？你在忙什么？为什么忙？为什么这么忙效率还是难提高，工作难出成果？忙，本来是好事，是工作意愿强的表现，是成就事业的基础。但由于有些没有目标、没有方向、没有规划的人，整天忙忙碌碌、晕头转向，结果因此做了大量无意义的事情，而使得忙碌失去了应有的价值。

古希腊哲学家彼得斯说：人生须有目标，否则精力全属浪费。没有目标的工作，就是一场没有终点线的赛跑，即使再多的激情也会被纷繁复杂的事物消磨掉，更谈不上工作效率了。怎么才能不"瞎忙"？这需要对时间有效管理，跳出瞎忙乎的迷宫，可以考虑如下几个方面：

明确目标，直奔主题。 由于我们一次只能踏上一条船，"船"的选择便显得格外重要。为此，经济学家告诉我们，要保持焦点：一次只做一件事情，一个时期只有一个重点。美国西屋电气公司总经理迪席勒办公室门上的标语是："不要带问题给我，带答案来。"

把好钢用在刀刃上。 所谓"好钢用在刀刃上"，就是要把精力集中在最容易出成绩的地方。只要你用心去总结，就会发现：你得到的 80% 的帮助来自于你 20% 的朋友；与此同时，你投入的 80% 的精力却只得到 20% 的收益。我们常常把大多数时间和精力花在并不很重要的地方。一位年轻的推销员销售油漆时，头一个月仅挣了 160 美元。他仔细分析了他的销售图表，发现他的 80% 收益来自于 20% 的客户，但是他却对所有的客户花费了同样的时间。于是，他把最不活跃的 36 个客户重新分派给其他销售员，而他则把精力集中到最有希望的客户上。不久后，他一个月赚了 1000 美元。他从未放弃这一原则并最终成为这家公司的主席。

有事即办，立即行动。 当一位企业巨子被问到"成功的秘诀"时，他只说了四个字："现在就做。"大量时间被浪费的主要原因就是拖延或推迟。许多人习惯于等候，等待时机成熟再行动，也就是花费很多时间在等待成熟机会的出现，却不知机会是干出来的，而非等出来的。

敢于说"不"，及时撤离。不要被无聊的人缠住，也不要在不必要的地方逗留太久。在现实生活中，一个人只有学会说"不"，他才会得到真正的自由。成功的人大多是有个性的人，他们敢作敢为，敢于说"不"。他们的心里有一个闹钟，当"不得不走"时，他就会及时地离开。他们懂得限制时间，不仅是对自己，也是对别人。

避免争论，节约资源。宽容的心态与合作的意识会使人如沐春风。宽容的人会本能地避免争论。因为无谓的争论，不仅会影响情绪和人际关系，而且还会浪费大量时间和资源，到头来往往解决不了什么问题。说得越多，做得越少，聪明人在别人喋喋不休或面红耳赤时，常常已走出了很远的距离。

时间就是金钱。经济学非常讲究成本。对待时间，就要像对待经营一样，时刻要有一个"成本"的观念。时间就是金钱。在生活中有许多属于"一分钱智慧几小时愚蠢"的事例，如为省一元钱而排半小时队，为省两毛钱而步行三站地等，其实都是极不划算的。在国外，给小费有时是为了赢得时间。在经济学中，休闲也是有成本的，它的机会成本就是放弃了工作所能带来的收益。因此成功人士十分推崇积极休闲，因为"不同的歌声会带来不同的心情"。在他们看来，积极的休闲应该有利于身心的放松、精神的陶冶和人际的交流，比如打羽毛球、看体育比赛、踏青、去图书馆、参加文化沙龙、听讲座、写作以及知心朋友间的聊天等都很有好处。

精选朋友，节约时间。朋友也要精选。多而无益的朋友是有害的，他们不仅会浪费你的时间、精力、金钱，也会浪费你的感情，甚至有的朋友会危及你的事业。要与有时间观念的人和公司往来。合适的朋友会使你的工作充满激情，生活浪漫而温馨，更会使你的追求富有意义并充满动力。一份真实而美丽的感情会为你节约时间，并使你有勇气面对现实、迎接挑战。

巧用电话，常用微信。微信已经成为具有强大功能的交流工具，要尽量通过微信来进行视频对话、交换信息。打电话前要精心准备，通话时要直奔主题，不要在电话里说些无关紧要的废话或传达无关主题的信息与感受。要善于利用现代互联网工具为自己服务。许多工作都可以借助电脑、手机、专业软件、APP 等现代办公用品，快速检索、复制、输出、群发。

集腋成裘，劳逸结合。生活中有许多零碎的时间很不为人注意，其实这些时间虽短，却可以充分利用起来做一些事情。比如等车的时间可以用来思考下一步的工作，翻翻微信朋友圈乃至发几个信息。成功需要日积月累的努力，需要心平气和的等待，需要健康的身体，要学会劳逸结合。在疲劳之前休息片刻，既避免了因过度疲劳导致的超时休息，又可使自己始终保持较好的"竞技状态"，从而大大提高工作效率。好的身体本身就是一个节约时间的要素，"没时间休息的人，早晚会有时间生病的"。

学会放下，稍后再试。不要纠结于暂时解决不了的难题，可以把问题记下来，先放下，稍后再试，让潜意识去解决它们。这就有点像踢足球，左路打不开，就试试右路，总之，尽量不要"钻牛角尖"。切记，你放不开的事情会吃掉你越来越多的时间，直到你放开它为止。

想要了解更多，请扫描下方二维码：

化繁为简基本思路

思考题

一、简述简单管理核心价值。

二、实现简单管理核心价值的有效途径有哪些？

三、如何跳出瞎忙乎的迷宫？

第9章

聚焦重点

抓住事物的关键

所谓"优势理论"，就是让自己的长板更长，而不是一味地去弥补自己的短板。对于什么才是自己的优势，如何快速找出自己的优势，盖洛普公司给出了一个简单明了的办法，那就是在自己的工作与学习中，你是否有机会做自己最擅长的事？假如你的答案是肯定的，就说明你正在发挥自己的优势。假如答案是否定的，就说明你只是为了工作而工作，实际上却是在"瞎忙"。

聚焦重点，抓住事物的关键会让事情变得简单。用最充沛的精力去做最有价值的事情，用有限的精力去做最重要的事情。如果暂时找不到重点，可以少做一些，反复沟通，以便抓住事物的关键。做事高效率的人都具有独特的眼光，从而找到解决问题的方法。因为找到了事情的关键点，就找到了解决问题的钥匙，所有难题也就迎刃而解了。

有个公司因为一台电机出现故障而停产，于是请了一位电机工程师前来修理。那位工程师在电机旁边待了三天三夜，最后在那个出现故障的电机的某个部位用粉笔画了一道线。在这位工程师的指导下，维修人员把这里打开修理，机器很快恢复了正常。事后，那位工程师向公司索要1万美元作为酬金。公司对此表示很难接受，对那位工程师讲："你只画了一道线，怎么会值1万美元？"那位工程师认真地说道："随手画一道线只需要支付1美元，而知道在哪个关键部位去画，却需要支付9999美元。"

正如这位工程师所说，解决问题的关键就在于找到事情的关键点，这就是做事效率高低的关键所在。如果找到了事情的关键点，对症下药，难题就可以迎刃而解。相反，如果找不到解决问题的关键，而只是到处乱撞，就不可能提高解决问题的效率。

集中优势资源

企业要想保持领先地位和旺盛的生命力，就必须具备可持续竞争优势，而可持续竞争优势源于企业的资源优势。不管什么企业、什么品牌参与竞争，资源优势都是必不可少的前提条件。但并不是所有的企业在所有时间都具备资源优势。通常的情况是，企业总是优势与劣势并存。因此，面对市场竞争，企业在发挥优势的同时，还要弥补短缺资源，优化资源结构，实现资源的合理配置。资源优势是竞争优势的基础，但资源优势并不等于竞争优势。从资源优势到竞争优势需要一个转换机制，有一个转换过程。

那么，如何将资源优势有效转换成竞争优势呢？企业必须优化资源配置，以适应不断变化的经营环境，以保持战略主导优势。管理追求的是效率和效果的统一，"聚焦重点，集中优势"，集中一定的优势资源去实现更高的目标，或者用最少的资源去实现一定的目标。企业的资源是有限的，如何整合资源，促进优势资源向优势产品项目集中，把资源优势转化为竞争优势和经济优势，是最重要的事。要主动站在企业"发展战略"的高度，积极构建资源整合和企业发展融资平台，统筹整合配置资源，促进企业快速发展，提高资源配置效率，推动资源和要素向优势产品项目集聚，把资源优势转变为发展优势。

要忙就要忙在点子上

管理者的工作千头万绪，复杂多变。要想驾驭全局，从繁杂的事务中解放出来，就要学会"抓大放小"，即"抓住重要的事，放弃无关紧要的事"。高层管理者要善于从全局的高度抓大事，突出工作重点，抓住主要矛盾，区分西瓜与芝麻，大事与小事。"大"是事物的主要矛盾，是关系到所在组织持续发展的重大事情，如战略规划、工作目标、人事安排、财务预算等；"小"是指那些无碍大局的事情。"抓大放小"是简单管理的有效方法。在日常的管理过程中，管理被简化为两个基本的命题，一个是降低成本，一个是提高业绩。这就是管理的重点，而简单才能降低成本，简单才具有操作性。优秀企业的一个主要特征就是，他们知道保持事情简单的重要性，不管多复杂的事情都能把它简化，变得简单易行。

　　人们特别喜欢那些勤勤恳恳、埋头苦干、不偷懒耍滑的"老黄牛"，认为这样的人勤奋、有为，大家应该向他们学习。但是勤勤恳恳、忙忙碌碌与有为并不是一回事。勤奋、忙碌应该与绩效结合起来，总不能忙活了半天，什么也没干出来。有些人看似忙碌，但他根本不知道自己在忙什么。因为目标不明、心中无数、计划不周、组织失调、重复劳动，虽然终日繁忙劳碌，但工作效率低下。管理者要有足够的时间去思考，要忙就要忙在点子上，谨防自己沦为"高级勤杂工"。

　　有效管理者做事必须先做首要的事情。管理者每天都要面对繁重的工作，做到"要事第一"，"既见树木又见森林"是十分重要的。这样既能把自己从沉重的工作中解放出来，也能让公司实现高效的运转。如果在工作的时候分不清事情的轻重缓急，不但会浪费许多时间，更会让自己的努力全部归零。所以，管理者要学会通过有效的自我管理，区分事情的轻重缓急，把不重要、不紧急的事先搁置一边。

　　"事必躬亲"常常被誉为"勤政"楷模，其实，这样做不一定算是"勤"。从管理上讲，"勤"必须要有重点，即与总体目标紧密联系，紧紧围绕组织目标开展工作，为实现目标而艰苦努力，也就是说，要忙在点子上，否则，就叫"瞎忙乎"。"勤"必须与创造性的工作相联系，要勤于思考，勤于创新，千方百计地提高管理效率，争取事半功倍的效果。"勤"还必须与团队合作相联系，不但要调动自己的积极性，更要调动大家的积极性，实现目标，共享成功。

　　"二八法则"在企业中随处可见：20% 的骨干带来 80% 的业绩，20% 的重点产品带来企业 80% 的利润。任何时候，都不要忘记"二八法则"，尤其是在面对客户的时候，一定要把目标客户锁定在能为我们带来 80% 利润的 20% 的大客户上，为他们提供更专业、更周到的服务，提高其满意度和忠诚度，那么一切就会变得简单而高效，不仅运营成本大幅下降，而且经营业绩高速增长。"二八法则"是达成简单高效结果的一项重要工具。运用这一工具，可以帮助我们简化工作，找到重点和突破点，从错综复杂的工作中解放出来。

决定做事的先后次序

工作效率最高的管理者，是那些对无足轻重的事情无动于衷的人。"要事第一"是获取成功的重要法则。管理者必须学会在高度紧张的环境里高效率地工作，重点抓好特别需要关注的、重大而长远的事宜。这种聚焦习惯将为管理者带来成果，让其脱颖而出，走向辉煌的职业之路。查尔斯·卢克曼，从一个默默无闻的人，在 12 年之内变成了培素登公司的董事长。其成功的经验是："利用早上最清醒的时间计划一天的工作，并按事情的重要程度来决定做事的先后次序。"

你可以这样做：每天下班前拿出一张纸，写出明天要做的 6 件最重要的事情，然后用数字标注这 6 件事情的重要程度，再把这张纸条放在口袋里。第二天早上第一件事就是把纸条拿出来，做第一项最重要的事情，先不要看其他的，直到完成为止。然后再做第二项、第三项……直到下班。每天都重复这样做。这就是著名的艾维·李（美国著名记者，现代公共关系之父。——编者注）"六点优先工作法"。它让一个濒临破产的小钢铁厂仅用 5 年时间一跃成为世界上最大的钢铁厂。做强、做大，其实就这么简单，希望你也能坚持这么做。

有人问拿破仑战无不胜的秘诀是什么？拿破仑回答说："在一点上集中最大的优势兵力"，这就是化繁为简的金科玉律。简单才能高效。贪大求全，贪多求快，不是公司发展的真谛。明智的企业，懂得把全部的精力集中在效果最好，回报最大的关键点上。专注于最核心的 20%，换来的是整个世界。

在社会环境中，事件发生的概率分布并不符合自然界的"正态分布模型"（即 U 型高斯分布曲线的形状），而是 10% ~ 20% 的为数很少的业务创造了 90% 的业绩，而其余部分业务合起来创造出 10% 的业绩。为此，要设立以下几条准则：

» 要取得经济效益，管理人的精力应集中于尽可能少的产品类别上，而不是那些消耗企业大部分成本而收益不佳的产品上。

» 职员的精力应集中于少数几项能够带来商业效益的活动上。

» 有效的成本控制要求将注意力集中于少数几个领域。

» 人员尤其是高级人才的配置应该能够向产生高额经济效益的业务方向倾斜。

思考题

一、如何用有限的精力去做最重要的事情？

二、如何找到重点和突破点？

三、如何决定做事的先后次序？

第 10 章

倍增利润

利润构成

　　会计中的利润是指企业在一定会计期间的经营成果。利润包括收入减去费用后的净额、直接计入当期利润的收益和损失等。利润按其构成的不同层次可划分为：营业利润、利润总额和净利润。

　　利润是衡量企业优劣的一种重要标志，往往是评价企业管理层业绩的一项重要指标，也是投资者等财务报告使用者进行决策时的重要参考。

　　利润 ＝ 收入减去费用的净额 ＋ 直接计入当期利润的收益和损失

　　利润 ＝ 收入 － 成本 － 费用

　　直接计入当期利润的收益和损失，是指应当计入当期损益、最终会引起所有者权益发生增减变动的、与所有者投入资本或者向所有者分配利润无关的收益或损失。

收益是指由企业非日常活动所形成的、会导致所有者权益增加的、与所有者投入资本无关的经济利益的流入。分为：

» 直接计入所有者权益的收益。
» 直接计入当期利润的收益。

损失是指由企业非日常活动所发生的、会导致所有者权益减少的、与所有者分配利润无关的经济利益的流出。分为：

» 直接计入所有者权益的损失。
» 直接计入当期利润的损失。

经济学中的利润概念是指经济利润，等于总收入减去总成本的差额。而总成本既包括显性成本也包括隐性成本。因此，经济学中的利润概念与会计利润不一样。

因此，西方经济学中隐性成本又被称为"正常利润"。将会计利润再减去隐性成本，就是经济学中的利润概念，即经济利润。企业所追求的利润就是最大的经济利润。由此可见，正常利润相当于中等的或平均的利润，它是生产某种产品所必须付出的代价。因为如果生产某种产品连正常或平均的利润都得不到，资源就会转移到其他用途中去，该产品就不可能被生产出来。而经济利润相当于超额利润，亦即总收益超过机会成本的部分。

经济利润可以为正、负或零。在西方经济学中经济利润对资源配置和重新配置具有重要意义。如果某一行业存在着正的经济利润，这意味着该行业内企业的总收益超过了机会成本，生产资源的所有者将会把资源从其他行业转入这个行业中。因为他们在该行业中可能获得的收益，超过该资源的其他用途。反之，如果一个行业的经济利润为负，生产资源将会从该行业退出。经济利润是资源配置和重新配置的信号。正的经济利润是资源进入某一行业的信号；负的经济利润是资源从某一行业撤出的信号；只有经济利润为零时，企业才没有进入某一行业或从中退出的动机。

利润的确认和计量，简单来说就是利润的确定。根据中国现行《企业财务通则》规定，企业的利润总额主要由营业利润、投资净收益和营业外收支净额构成，其关系为：

企业的利润总额 = 营业利润 + 投资净收益 + 营业外收支净额

此公式只是一个基本的规范。行业财务会计制度对企业利润总额的构成有着具体的规定：

工业企业的利润总额 = 营业利润 + 投资收益和营业外收入 − 营业外支出

营业利润 = 主营业务利润 + 其他业务利润 − （管理费用 + 营业费用 + 财务费用）

主营业务利润 = 主营业务收入 − （主营业务成本 + 主营业务税金及附加）

利润倍增

化繁为简，聚焦重点，是简单管理核心价值的过程；利润倍增是简单管理核心价值的结果。而实现简单管理核心价值的途径就是"裁减影响效率的复杂，抛弃没有价值的繁忙"。裁减影响效率的复杂是以提高盈利能力为导向的化繁为简，不是随意的"裁减"，是目的性很强的精简高效方案，即用较少的消耗，获得较大的收益。它是降低经营成本、快速改善企业盈利能力和发展能力的有效途径。

利润倍增来源于经营绩效的提高和经营成本的降低。首先是多赚钱，用更少的资源、时间、投入，获得最大的收益。其次是多省钱，让企业每天能留住大量的不该花（损失）的"钱"。简单管理着重解决了"管理效率、盈利能力和持续发展"问题，解决了"赚钱和省钱"的问题。其核心价值体现为：

化繁为简。它可减负增效，降低产品成本，这是增加利润的主要途径。在产品价格不变的情况下，产品成本越低，利润就越高。

聚焦重点。它可集中优势，增加产品产量，提高经营绩效。它既可以增加产品的销售数量，增加销售收入，又可以相对地节约企业的固定费用，减少固定资产和流动资金占用量，节约固定资产和流动资金占用费。降低产品的单位成本，增加营业外收入，从而增加企业的利润。

一次就做好。它是简单管理的精髓要点，在经营管理上，变"发现问题，解决问题"为"预防问题"，倡导"做到并保持一次就做好"，彻底修正传统管理思维的误区。一次就做好可以增加合格品的数量，提高产品质量，减少废品和返修品损失，减少产品成本中的废品损失费用，增加利润。在实行按质论价、优质优价的情况下，优质产品按较高的价格出售，可以取得更多的利润，使企业能够轻松管理，高效赚钱。

简单管理的应用可突破性地改善绩效，显著提高企业的盈利能力和发展能力。部分企业实践应用案例表明：在生产环节，不增加劳动力，不增加设备，不增加厂房，不增加投资；只需要裁减过度管理，优化过程控制，坚持做到并保持一次就做好，产能可以提升30%以上，交期缩短30%，准时交货率提升至90%以上，库存下降30%～50%，质量合格率大幅改善。

思考题

如何解决赚钱和省钱的问题？

简单管理 操作实务 第3编
SIMPLE MANAGEMENT

PART
THREE

简单
管理

第 11 章

简单管理前提

简单管理需要创新思维

如何实现简单管理？这是一个简单管理应用能否落地的关键问题。实现简单管理有个前提条件，就是"创新思维"。创新就是运用新思路、新方法、新技术对组织系统要素、条件、管理等进行重新组合，以促进组织系统综合效能不断提高和获得更大利润的过程。创新思维讲的是用全新的思路、方法和技巧来解决新的问题，来创造新的机会。全新的思路，就是前所未有的思路，现在要用它来解决我们面对的各种各样复杂的管理问题。

创新思维是简单管理的前提，或者说简单管理必须要有创新思维。如果没有对定势思维的突破，就很难获得简单管理的思路与方法，或者根本就不会去想简单的方法，也许想到了也不愿意去做。所以，解决思想问题是简单管理的前提。

创新也就是"为别人所不为、想别人想不到、做别人做不到、甚至做别人不敢做"，所以才能得到别人所得不到的东西，这就是突破。我们需要创新突破的事情很多，作为管理者首先要有两个突破：其一是不要用昨天的经验和方法来认识今天或明天的问题；其二是不要用昨天的标准和观念来判断今天或明天的是非对错。

著名的哥德尔第一定理"对于任何一个体系而言，凡是自治的，必是不完全的"，说明一个体系要有效运作，其内部从逻辑上来说，必须是自治的。这样的体系，一定有边界，过了这个边界，这个体系就失效了。因此我们过去的经验也许是对的，过去的方法也许是对的，但如果拿它来解决今天的问题，就不一定有效了。所以，我们要从传统的思维里突围出来，打破自己的思维边界。

鸡蛋，从外打破是食物，从内打破是生命。人生亦是，从外打破是压力，从内打破是成长。如果你等待别人从外打破你，那么你注定成为别人的食物；如果能让自己从内突破，那么你会发现自己的成长相当于一种重生。

创新是人类的希望，民族的希望。从钻木取火到蒸汽机的发明，从烽火台的狼烟到现代互联网技术，一部人类文明史，就是一部不断超越、不断创新的历史。创新是一个民族进步的灵魂，是一个国家兴旺发达的动力，也是一个人在工作乃至事业上永葆生机和活力的源泉。实践告诉我们：

在学习上，谁善于运用创新思维，谁的脑子就灵。

在工作上，谁善于运用创新思维，谁的办法就多。

在事业上，谁善于运用创新思维，谁的天地就宽。

在修养上，谁善于运用创新思维，谁的形象就好。

有一幅漫画很有趣：公鸡先生要掐死他老婆，理由是鸡蛋里面出来个大象。如果按照过去的标准来看，他是对的，因为鸡的家族祖祖辈辈从鸡蛋生出来的都是小鸡，你干吗生出个大象？老实交待干啥去了？这是谁家的孩子？但是现在来看，这不一定是个错误，因为现在科技进步了，克隆技术也相当了得了。

为什么要引入这种观念？因为做管理者是要解决问题的，在你的办公桌上，每天都会有很多文件，很多方案，等待你来拍板，来做决策。如果你选择的标准都是错的，那么决策就很有可能是错的。因为这个错，你就有可能放弃了很多，也就失去了很多，让发展变得缓慢。况且，很多事情在短时间内或在一段时期内都没有办法判断是对还是错，如果你遇到这种问题你要不要去做？不但我们搞不清楚，就是很有智慧的领袖人物也可能搞不清楚，搞不清楚的事情咱们不搞了，把它放下，咱们干活就是了，发展就是了。这就是高度的化繁为简，就是变复杂为简单，不要去争论、不要去折腾，好好地干自己的事情，发展自己的事业。

所以只要你认为结果是好的，或者结果有可能是好的，你就大胆地去做，不要在乎是对还是错，如果仍在纠结是对还是错的话，很多的机会就错失了，甚至不知道是怎么失去的。有很多事情，过去看是错的，现在看却是对的。

有一个企业年销售额做到 5000 万后，业绩就上不去了，亿元梦做了 8 年，遇到了发展瓶颈。

我问企业负责人："是什么原因？"

他说："有订单都不敢接啊。"

我又问："为什么不敢接？"

他回答："产能不够。"

我说："你可以委托加工呀，委托有生产能力的工厂做啊，这是一个世界先进生产方式，叫 OEM。有市场，有技术，全世界的工厂都是你家的。"

改变观念就创造机会，从此后他什么单都敢接了，第二年他的企业年销售额就做到了 8000 万，第三年 1.2 个亿，去年 2.6 个亿。设备没有增加、人员没有增加、产能没有增加，就是改变了观念而已。所以说，改变观念就提升能力，创造机会就加快促进发展。

过去都说老虎屁股摸不得，这也是爷爷奶奶们反复告诉我们的真理。现在，老虎说："为了生存，特将屁股供人玩摸，每次收费 10 块。"以前是要命的事情，现在却可以了，而且是有钱赚了。不但老虎屁股可以摸，它全身都可以摸，你爱怎么摸就怎么摸。在泰国野生动物园就这么摸一次就要 20 元。

这是什么概念？这是"变不可能为可能"，这就是企业家朋友必须要有的观念。没有这种观念，做官做不大，做企业也做不大。"变不可能为可能"是领导能力的标志，也是管理水平的标志，因为在别人看来是不可能的事情，在你看来是可能的，或者你有办法将它转化成为可能的，你当然就走在别人的前面，你就能因此获得机会，这个观点对个人的进步和企业的持续发展非常重要。

因为你在个体环境中认为不可能的事情，放在另一个环境里就是可能的；你单打独斗不可能完成的事情，放在一个团队就是可能的；你在小团队不可能的事情，放在公司层面就是可能的；你在公司认为不可能的事情，在政府层面就是可能的。拿破仑就曾说过：世界上就没有什么不可能的事情！

简单管理需要以人为本

简单管理的出发点是以人为本。它通过满足人的需求和促进个人的发展来实现企业目标。企业要建立职业晋升通道，营造"晋升凭能力，收入凭绩效"的良好用人环境，让英雄有用武之地，让功臣都不会吃亏。只有这样，我们的组织才能做到让优秀的人才"引得进、用得上、留得住"。

"让英雄有用武之地，让功臣都不会吃亏"是大家都非常认同的良好的人才环境，但是有一个问题就是"谁是英雄，谁是功臣"，不好界定。往往一到年底，谁都认为自己是英雄，是功臣，都感觉是自己做多了，拿少了。所以，我们要从绩效考核走向绩效管理，把"英雄和功臣"管理起来。即通过建立并实施卓越绩效简单管理体系来培养"英雄和功臣"，来识别"英雄和功臣"，注重企业与个人的双赢战略，给优秀人才提供各种成长与发展机会，从而充分挖掘人力资源的潜力，让个人受到尊重，价值得到承认。纵观那些取得了巨大成功的企业，无一不是将"善待员工"的思想贯彻于企业管理活动中。企业的兴旺发达，归根到底要维系在广大员工身上。只有对员工尊重、关怀、理解、信任，才能充分激发其身上蕴藏的巨大潜能，充分调动其积极性和创造性。

简单管理最重要的是"管人"，就是以人为中心，将员工视为事业伙伴，公司的主人，想尽一切办法，使员工能够自如地、轻松地、愉快地、积极地工作，而不是感到压抑，最大限度地调动他们的参与感与积极性，使他们自动自发地将全部精力投入工作中。人的主动性和自觉性一旦被激发出来，其工作成绩将超乎你的想象。被动地工作不可能把事情做好。把制度写在纸上不如写在心上，当人人都自觉自愿地努力工作，管理也就进入了一个"卓越、简单、高效、健康"的新境界。

简单管理需要提高素质

简单管理尤其需要领导者提高素质，加强自身修养，树立领导权威。所谓"权威"，就是权力和威信的组合。权力是组织授予的，但威信是自己树立的。有权无威不是好领导，没有权威就没有领导力，就无法实现简单高效的管理。领导要依靠"威信"充分发挥自己的影响力、说服力、凝聚力，用人格感召他人，用品行团结他人，用信誉影响他人，而不是依靠强制性的制度控制他人。过度的管理和控制，只能适得其反，造成企业内部人心涣散，消极因素增长，最后员工会选择离开。

简单管理需要知识和经验的积累，知识和经验是丰富的领导资源。比尔·盖茨说："在知识经济时代，知识是你成功发展的基本条件，无知就等于无能！"微软公司的快速、稳健的持续发展，很大程度上得益于盖茨的学习能力。"汽车大王"福特也曾经说过："对年轻人而言，学到将来赚钱所需的知识与技能，远比财富积累更重要。"福特在少年时代就喜欢读书，其婚前财产只有一大堆书，再没其他值钱的东西，就是这些书让他最终成就了一番大事业。

丰富的经验和渊博的知识，是形成管理者影响力的基本条件，也是实现简单管理的前提。管理者只有不断学习，提高自身素质，加强修养与锻炼，掌握管理工作的有关技能，成为下属的老师，让下属感到你能让他学到很多东西，你能帮助他成长，才能使下属既产生敬佩感，又形成亲密的信赖感，从而产生巨大的影响力，有效提高领导效能。

在全球知识经济背景下，世事难以预料，一个企业的竞争优势集中体现在能够敏捷和持续学习的能力和机制上。要在这种激烈变革的竞争环境中谋求生存和发展，管理者首先要提高自身素质和学习能力。作为一个新时代的领导者，应该具备较高的领导素质和领导魅力，才能有效发挥领导能力。领导魅力有助于团结、影响下属，有助于增强领导效果。

要提高领导魅力，就要具有 3 方面的素质：文化素质、道德素质、人格魅力。这 3 方面素质必须有机结合，才能有效提高领导者的整体素质和领导魅力。因此，一个有志向的领导者，应该不断加强文化素质、道德素质、人格魅力方面的修养。在现实生活、工作中，领导者要认真学习，勤于思考，严于律己；要言而有信，行而必果。具体要做到：

领导者不要摆架子，不要惟我独尊，要平易近人，和蔼可亲，和下属平等交往。这样才能获得别人的支持与追随，才能成为名副其实的领导者。否则，就会离心离德，即使领导者其他方面的品质再优秀，也很难获得众人的支持与追随。

领导者要与下属建立良好的关系。领导能力不是一个人、一个职位或一个项目，而是管理者与被管理者相联系时所发生相互作用的关系，即活动范围。所以，在领导与下属之间建立起密切的良好的工作关系，让下属了解领导者、理解领导者、信任领导者，下属就会心甘情愿地追随领导者、支持领导者。反之，如果关系疏远，相互猜忌、怀疑，甚至相互敌视，下属就会与领导者离心离德、貌合神离、渐行渐远。

要有远见卓识。远见卓识是一个优秀领导者必须具备的素质。领导者的远见卓识与尚未被人涉足的、未知的事业与行动相联系。领导者能敏锐地觉察到发展的方向与气息，能够觉察到稍纵即逝的机会，能够结合社会发展趋势，高瞻远瞩地确定组织与个人的发展方向，为组织与个人指明前进的目标，就更能获得下属的支持、爱戴与拥护。

要有良好的作风。要成为一个受人尊敬、爱戴的领导者，必须要具有良好的工作作风。树立良好的作风，必须切实远离那些不说实话、不干实事、不求实效的不良风气。要密切干群关系，充分调动群众的积极性、创造性、能动性，团结一致做好工作。要发扬扎实深入的作风，发扬求真务实的作风，发扬开拓进取的作风。大胆探索，开拓进取，创造性地开展工作。尤其是随着改革的深入和现代化建设的不断发展，新问题、新情况、新矛盾层出不穷，更需要加强领导者自身修养，树立良好的领导形象。

"其身正，不令而行；其身不正，虽令不从。"可见，古人早已注意到了领导者自身形象对组织成员产生的重要影响作用。一个成功的领导者，应该在组织成员中展示如下的形象：

勇于开拓的创业者形象。"我们都是来自五湖四海，为了一个共同的目标，走到一起来了。"这句话非常贴切地揭示了领导者和组织成员的关系。尽管职务有高低，分工有不同，但联系他们最重要的纽带是一个共同的目标。所以，领导者要始终把共同的目标、共同的事业放在第一位，激发组织成员的积极性、主动性、能动性，让组织成员感受到目标与事业的推动力。

领导者要不断激发组织成员对工作的持久热情与不竭动力。给每一个组织成员发挥个人才能的机会，让组织成员感受到个人在组织中的意义与价值。不断强化组织成员的事业心和责任感，以事业发展和工作责任汇聚人心，努力发扬创业精神，积极思考工作目标、方法，竭尽全力完成工作任务，进而获取事业成功的喜悦，激发更高涨的创业激情与工作热情。激励组织成员积极进取、勇于开拓，用目标、事业来凝聚大家的智慧和力量。要始终让组织成员坚信，个人的利益与组织的事业紧密联系在一起。通过不懈努力，一定能够达到预期的目标，获得事业的成功，实现自己的人生价值。

清正廉洁的公仆形象。优秀的领导，不应高高在上，而应深入组织内部，为每一个人服务，做组织成员的公仆。每一个人都需要服务，然后，他才希望得到引导；当人们得到一个人服务和引导时，他们转而会服务、引导更多的人。一个最受爱戴的领导者、最有益于组织发展与社会进步的领导者，首先必须是一位诚心诚意为他人服务的公仆。在领导组织成员实现组织目标的过程中，领导者务必要牢牢树立公仆意识，以孺子牛的姿态服务组织成员，始终保持勤恳踏实的作风和清正廉洁的本色。领导者要"常修为政之德，常思贪念之害，常怀律己之心"。领导者要时刻把组织成员的利益放在心上，要挡得住各种诱惑，切忌营私舞弊，钱权交易，要力求做到权为民所用，情为民所系，利为民所谋，工作依靠组织成员，成绩归于组织成员。廉洁自律、克己奉公，以此来取得组织成员的信任、支持与追随。

亲善随和的师长形象。领导者一定要尊重组织成员的人格，关心、爱护组织成员，给组织成员以学习、工作、发展的机会。要在工作过程中，不仅要带领组织成员发展目标，而且要促进组织成员的发展与进步。要密切关注组织成员的兴趣与需要，重视他们所关心的事情，切不可居高临下，目中无人，摆架子，显威风，以发号施令、盛气凌人。更不能片面认为"距离"产生权威，人为地设置感情屏障。在组织成员的心中，领导者应该始终是一位工作上的导师，生活中的益友，是一个永远值得信赖和依靠的人。

简单管理需要改变规则

简单要求我们改变游戏规则，走出传统管理的那一套逻辑。它指出了如下两项规则：

形成自然秩序。简单化的一个最重要的方法是：形成自然秩序。

什么是自然秩序？作为管理者的你，要先问问自己：你是不是在过度管理？你是不是无法面对现实？如果你回答"是"的话，说明你正在与自然秩序背道而驰。自然世界最奇妙之处在于，它仅仅遵循最简单的基本原理运行，一直未变。但是，人类最愚蠢之处却在于试图违背自然界的规律。当人类试图插手自然的运行时，却给自己带来了不可逆转的灾害性改变。所以，唯有尊重自然规律才能生存。

管得少就是管得好。管理得越少，公司越好，因为企业是相当简单的。现在的大多数管理者都是在过度管理，这样就会导致官僚主义、懒惰和散漫。

一些深谙"管得少即管得好"的公司，甚至不给主管们设定目标，因为股票期权使他们得到的报酬与他们的贡献相一致。

多年的观察告诉我一个事实：管理者制造了更多的管理。如果你立志像通用电气公司的杰克·韦尔奇那样，那么，你就应该像他那样思考：管得少就是管得好。

简单管理需要改变领导

杰克·韦尔奇是 20 世纪当之无愧的优秀领导者。但是，在他眼里，领导是世界上最为简单的职业。他说："多数全球性业务只有三到四个关键性竞争对手，你要了解它们的情况。"他认为通过构造一个前景去领导，然后确信你的员工会围绕那个前景去努力工作，这就是领导的全部。毕竟，经营并不真的那么复杂。

领导艺术其实很简单，领导的工作也很简单，只需做好以下 4 件事：

设立一个远景目标，画一幅未来的蓝图。创建一个团队让他们了解你的远景并为这个远景努力。对远景的描述不必高谈阔论。

为此，你必须信任他们，授权给他们，而且要让他们明白你的目标。你还必须给他们提供足够而确切的信息。

如果你不对你的团队进行激励，没有人会愿意替你卖命。你需要激起员工巨大的热情。作为一个领导者，不只要有远见，还要建立一个远景，而且要能够授权给组织中的每一个人，要不断提醒大家重点是什么，并开创一种能够得到大家认同的局面。

创建团队。领导者的第二项工作是创建团队。内部的相互依赖性是现代组织的中心特点，没有人能够单独行动。在这样的组织中，除非众多个体团结一致地朝同一目标前进，否则将通通失败。需要破除的一个迷信是：组织有一个强有力的领导者就足够了。组织的发展不只是提拔一个具有领导魅力的领导者，还必须组建一支强大的、多元化的团队，一支能够驱动变革的团队，这一个团队中的所有人都是领导者。一个人，即使再有领导魅力，也没有办法以一己之力，完成所有的事。

授权与沟通。创建一个团队，也并不意味着要去管理他们。最好的方法是让他们自我管理。但是，你得支持他们的工作。因此，你接下来的工作是授权和沟通。如果能把员工调动起来，努力完成共同的使命，就能把他们拧成一团。员工个人的目标、使命与企业组织相一致时，员工中就会形成巨大的凝聚力。这星星之火会燃起员工的潜在能量，促使他们做该做的事，坚持企业上下一致认可的原则去实现共同的价值。

激励你的下属。你做了上面所说的三件事后，依然不够，你得让员工愿意为你工作。如果你不采取一些措施，他们是不会白白地为你工作的。他们需要奖励、认可，需要舒适的工作环境，但这些都只是常规的激励。

我们的时代已经发生了巨大的变化。人们的工作稳定性降低了，安全感下降了，知识型员工不断增加，这些变化都需要领导者采取新的激励工具。我们需要围绕人们珍视的东西展开，以帮助他们建立自己的未来并获取成果。

简单管理需要充分信任

制度规范等控制手段是不信任的产物，只有形成自然秩序才能做到简单管理。

信任，是简单管理的灵魂。没有信任的世界将变得不可想象，信任对获得经营成功至关重要。但随着公司不断改变的经营方式，信任也变得越来越难以获得。

信任在任何时候都是最重要的东西。当一个团队或组织超过一个人时，信任就变得尤其重要。

在今天，信任可以说是许多团体成员之间唯一的联合基础，而这种基础是管理成功的保障。

无论何时何地，信任度都拥有非常重要的实用价值，因为信任是社会系统里很重要的润滑剂。它的作用很大，能为人们避免许多麻烦。

网络时代，人们提高了对信任的需要程度。人们将一直寻找能够信任的东西来满足其所需。如果你不值得信任，人们是不会为你努力工作的。

不信任下属是最不实际、最没有效率、最浪费时间的管理方式。在正常的情况下，管理是将工作目标划分成适当的责任范围，使得员工能发挥最大的潜力。但是，许多管理者狂妄自大，他们以为只有自己有能力完成工作，从不信任他人，同时又对自己有效管理下属的能力没有信心。

值得信任是信任的前提。信任不仅指领导者、管理者对下属员工的信任，同时也是指员工对领导的信任。

简单管理需要学会授权

授权是一种重要的简单管理方法，是指管理者根据工作需要，将自己的部分权力和责任授予下属去行使，使下属在一定制约机制下放手工作的一种领导方法。要想管得少，并且管理好，管理者要懂得合理授权。成功的管理者都应具备高超的授权艺术，适时授予员工权力，并进行有效的指导和控制，从而最大限度地调动员工的主动性和积极性，创造更好的经济效益。这样，管理者就可以从繁杂的事务中解脱出来，牢牢掌握工作的主动权，取得事半功倍的管理效果。

将应属于部下的权力授予部下，不但可以使领导者从琐碎的日常事务中解脱出来，专心处理大事，而且还可以使部下独当一面，发挥自己的潜能。领导者要做的是做决策，抓全局的关键性工作，让部下去处理局部的、一般的日常工作。如罗曼·罗兰所说："与其花许多时间和精力去凿许多浅井，不如花同样的时间和精力去凿一口深井。"平民能源公司总裁肯尼迪深知简单管理之道，他把经营中的繁杂事项，全部推给助手们去干，自己则集中精力，专心实施企业发展的三项战略计划。

高明的授权法是既要下放一定的权力给下属，又不能给他们以不受重视的感觉；既要检查督促他们的工作，又不能使下属感觉到有名无权。若想成为一名优秀的管理者，就必须深谙其道。

思考题

一、简述简单管理的前提条件。

二、如何合理"授权"？

三、如何营造良好的人才环境？

第12章

简单管理要点

简单管理的基本要点就是运用简单的方法解决问题，即用简单的过程，实现卓越的结果。内容涉及管理全过程：领导、战略、市场、资源、运营和创新。其基本要点可概括为如下5个方面：

追求简单高效的工作方法

追求简单高效的工作方法，要求有：汇报工作说结果，请示工作说方案，总结工作说流程，布置工作说标准。

汇报工作说结果。汇报工作一般分为阶段性汇报和成果汇报，无论是哪种形式，作为听取汇报者，都是想听取事情的最终结果。不要告诉老板工作过程多艰辛，你多么不容易！老板不傻，否则做不到今天。举重若轻的人老板最喜欢，一定要把结果给老板，**结果思维是第一思维**。但我们却惊奇地发现，大多数人在汇报工作的时候，却都习惯性地先从原因说起，最后得出结果，这是一种因果思维。然而这种汇报工作的方式，往往让我们忽略了结果，把本来要听取工作结果汇报的会议，变成了大家找原因、找理由的会议，变成了对因果关系的考证，最终往往无疾而终。

要想真正提高工作汇报的效果，建议在汇报工作的时候，首先，要有因果思维，先汇报结果。如果领导想要了解事情的过程，你再述说缘由，否则不必过多赘述，浪费口舌。当然，结果的汇报最好以数字和表格的形式呈现，这样便于让领导看起来更为直观，易于理解。切记，不论好坏，关键的是结果，而不是理由和借口。有些人由于结果不好，而想方设法找些冠冕堂皇的理由和借口来搪塞蒙蔽领导，试图掩盖真正的结果。这无疑是一个愚蠢的做法，这样做不但不利于解决问题，也会影响你在领导心目中的印象，有时还可能会惹怒领导。

请示工作说方案。不要让老板做问答题，而是要让老板做选择题。请示工作至少保证给老板两个方案，并表达自己的看法。我们经常看到下属向自己的上级请示工作，而往往请示的这些工作都是应该由下属去思考和解决的问题，他却理直气壮地把问题抛给了自己的上司。下属抛问题，无非有两种用意：一是寻找答案；二是推卸责任。然而有些管理者却没有意识到这一点，自认为下属有问题找领导解决，实属天经地义、理所当然。殊不知，一旦养成抛出问题的习惯，下属就失去了独立思考和解决问题的能力，没有任何进步和提高。站在一个为自己负责、为工作负责的角度，我们在请示工作的时候，应该首先有自己的想法，有解决问题的方案，并有推荐方案和理由。

总结工作说流程。做工作总结要描述流程，不只是注重先后顺序逻辑清楚，还要找出流程中的重点和关键点。

布置工作说标准。标准是结果考核的依据，布置工作要有可量化、可操作的考核标准，如果没有建立工作标准，下属就不知道如何去做，做到什么程度才是最合适的。工作标准既确立了行为规范，又划定了工作的边界。

在如今日趋复杂的管理工作中，"保持简单"是最好的解决方案。"简单"来自清楚的目标与方向，聚焦重点，突出优势，知道自己该做哪些事，不该做哪些事。以下10种最实用的方法可以让我们的工作变得简单高效：

> » 明确目标，专注工作。
> » 避免重复，减少错误。
> » 懂得拒绝，回避干扰。
> » 把握重点，抓住关键。
> » 精简信息，简要报告。
> » 缩短文稿，增加互动。
> » 过滤邮件，集中精力。
> » 简化内容，浓缩邮件。
> » 有效沟通，果断决策。
> » 整合资源，借力使力。

明确目标，专注工作。在行动之前，要明确我们的目标是什么？实现目标的要求和标准是什么？实现目标的行动方案和重要影响因素又是什么？应该注意哪些事情？有哪些资源可以利用？什么时候完成？由谁去完成？责任人是谁？指定专人去做，达成目标后如何考核激励等。如果"情况不明决心大，心中无数办法多"，就会造成更多的不必要的复杂和资源浪费。

避免重复，减少错误。在工作中，重复一些没有意义的工作，就是浪费资源和时间。有时犯错是不可避免的，一次犯错有时还可以原谅，但是，不断地重复犯错就令人费解，难以求得别人的谅解。不仅会引发他人的愤怒、批评或惩罚，还可能造成不必要的损失。所以，要尽可能地避免或减少错误，才能实现简单高效。

懂得拒绝，回避干扰。拒绝别人的要求似乎是一件难上加难的事情。在你决定拒绝或是答应对方的要求时，应该先问问自己：如果答应了对方，是否会影响现有的工作？是否真的可以满足对方要求？要权衡利弊，三思而后行。

学会拒绝，减少额外的负担，是一项非常重要的职场生存能力。想要与别人维持一种较好的人际关系，人际交往是一种智慧，要掌握一些技巧。也许有人认为说"NO"会令彼此间产生嫌隙，但其实高明的回绝方式并不会伤害对方。要想保持良好的人际关系，掌握一种既重视他人又重视自己的沟通方式显得尤为重要，比如，学会不伤害别人的委婉拒绝的方法。

把握重点，抓住关键。排定优先级，可以让事情变得简单，大幅减少繁忙和劳累。可以想象，假如你没有给你的工作和生活排定优先级或优先级设定不合理，就可能出现以下情形：大部分时间在做"危机处理"，整天忙忙碌碌，却发现总有事情没法按时完成；或者有几件重要的事情同时需要处理，顾此失彼。结果自然是每天忙于救火，效率低，压力山大，人也感觉筋疲力尽，甚至让生活、工作失去平衡。

而假如你有很好的工作、生活规划，为每周或者每天的主要事项排定优先次序，那么可能就是另一种完全不同的情形：你的工作、生活安排合理；处理事情从容不迫、有条不紊；生活有清晰的规划；处理事情高效；很少出现危急状况。如此一来，自然工作、生活也能取得很好的平衡。

精简信息，简单报告。 充分利用信息，写简单报告，是一种综合性强、难度较大的管理技能，是对管理者搜集处理信息能力、问题探究能力和书面表达能力的考验。学会写简单的工作报告，体验利用信息进行总结研究的快乐，是管理者能力和水平的标志，也是简单管理的要求。

缩短文稿，增加互动。 缩短汇报演示文稿，可以增加互动的机会，使人印象更深刻。书写演示文稿的内容要尽量精简，可缩短内容与报告的时间，精简的报告既节省演讲时间，又增加了听众响应的机会。

过滤邮件，集中精力。 正确过滤没有价值的邮件，第一步是先看信件主旨和寄件人，如果没有让你觉得今天非看不可的理由，就可以直接删除。这样至少可以删除50%的邮件。第二步迅速浏览其余的每一封邮件的内容，除非邮件内容是有关近期内（例如两星期内）你必须完成的工作，否则就可以直接删除。这样你又可以再删除25%的邮件。这样你就可以集中了解重要信息，重点解决问题。

简化内容，浓缩邮件。 你必须利用最小的空间、最少的文字回复邮件，传递最多、最重要的信息，而且必须更容易阅读，突出重点，节省对方的时间。具体要求如下：

» 把每封邮件的内容限制在 8 ~ 12 句。

» 超过 20 个字就换行。

» 超过 3 行必须空行。

有效沟通，果断决策。先把一些无法沟通的问题放下，不论你提出什么样的想法或意见，每一次都是吃闭门羹，对方连沟通的意向都没有，如果真的遇到这样的情况，完全没有沟通的可能时，你就不必再浪费时间做无谓的沟通或是尝试改变。果断决策，学会暂时放下，欲速则不达，先放下再寻找合适的机会沟通。

整合资源，借力使力。凡事从简切入，整合优势资源。市场竞争激烈，商机无限，公司的业务必然很多。仅就公司战略管理而言，当你不顺时会觉得难做任何事；当你顺利发达时，又觉得自己什么事都能做，好像世界就是自己的。作为战略选择，是走扩展之路，还是取聚焦之道，当然由决策者自己来定。然而，处在现代新经济的格局里，就其时代特性而言，可能用聚焦战略的方式会更好。平心而论，在瞬息万变的竞争过程中，每个企业，每个人真正能做的事情很少，适合自己，并能做成功的则更少。倒不如凡事从简切入，整合优势资源，集中核心力量，不为一时得失所惑，专注某项事业，就像万科一样，在辉煌时做减法，在住宅领域里做出了一个响当当的万科品牌；像格兰仕一样，当别人多元出击忙碌时，独在微波炉领域里做成了行业老大；像爱立信一样出手果断，把手机生产环节"外包"，以便专一"做价值链上自己最强大的部分"。

倡导晋升凭能力的绩效理念

简单管理倡导"晋升凭能力、收入凭贡献"的绩效理念。充分体现"做好做坏不一样",做到"让英雄有用武之地,是功臣都不会吃亏",从绩效考核走向绩效管理,优化考核指标,强化考核结果应用,建立有效的内部竞争机制、激励机制和晋升通道。实行股权激励制度,建立组织内部利益共同体,引导组织成员关注未来的价值。反之,如果充分体现"做好做坏都一样",就没有人去做好,如果拍马屁拍得好就可以升职加薪,那这个组织是没有前途的。无论什么人,提高收入和晋升的唯一途径就是提高绩效,没有别的路可以走。

简单管理绩效理念主要表现在用人机制上,引入内部竞争,奖勤罚懒,通过内部竞争发现人才、使用人才和造就人才。使想干事的有机会、能干事的有舞台、干成事的有位子;推行和完善竞争上岗,变识马制为赛马制;通过"赛马场"发现人才,通过"赛马会"遴选人才;为优秀人才脱颖而出建立晋升通道。真正实现公平竞争选人、公开择优用人的机制,让**人才在组织上有地位,发展上有空间,成就上有机会,待遇上有实惠**。积极营造有利于各类人才充分发挥作用的环境,让优秀的人才"引得进、用得上、留得住",组织才能获得持续快速发展。

鼓励各类专业技术人才,以多种形式参与企业内部岗位交流,建立轮岗制度,优化人才队伍结构,促进人才的合理流动和优化配置,在较大范围内实现人才优势互补和人力资源共享,将合适的人用在合适的位置上。从根本上打破束缚人才成长、阻碍人才流动,妨碍人才活力和智力发挥的体制性、机制性障碍,使各类人才各得其所、人尽其才、才尽其用,充分体现人才的价值,形成人才辈出的良好局面。这是简单管理应用的基础,坚持物质激励与成就激励、精神激励相结合,用事业凝聚人才、用物质奖励人才、用精神激励人才、用感情关心人才；使人才充分享有实现自身价值的自豪感、成就感和得到承认与尊重的荣誉感。创造机会把人才放在关键岗位中培养锻炼，给他们压担子，让他们挑大梁、唱主角，通过实际工作和艰苦环境来增长才干，磨砺作风，收获技能，提高水平。大力宣传典型事迹，树立人才榜样，做到工作上信任，使用上放手，生活上关心，进一步强化"事业吸引人、环境温暖人、待遇留住人、感情团结人、政策激励人"的观念，努力为人才施展抱负、展示才华、实现人生价值提供广阔的舞台和发展空间。可以预言，人才成长之日，就是企业腾飞之时。

使用卓越简单的管理工具

不管是什么企业或其他组织机构，什么级别的部门，在管理上就是 3 件事，即"设置目标、行动方案、考核激励"，管理就这么简单（见图 12.1）。

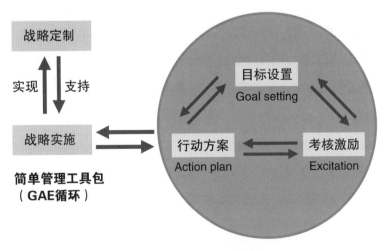

图 12.1 简单管理工具包

　　目标设置。目标对我们的成功至关重要，没有人会无缘无故地变得伟大。在某种意义上，企业的持续发展是预算出来的，目标决定了组织发展的速度与规模。仅知道目标的重要意义是不够的，当你想要执行某项任务时，制定目标就是第一步，目标是动力的源泉，目标就是方向。制定目标应该成为我们生活的一种习惯，因为目标的激励作用是十分强大的。

　　　　1984 年，在东京国际马拉松邀请赛中，名不见经传的日本选手山田本一出人意料地夺得了世界冠军。全世界的人都很好奇，他凭什么取得如此惊人的成绩。

　　　　原来，他在每次比赛之前，都要把比赛的线路先走一次，仔细地看一看路边的情况，并把沿途比较醒目的标志画下来作为阶段目标，比如第一个标志是银行；第二个标志是一棵大树；第三个标志是一座红房子……这样一直画到赛程线路的终点。

　　　　比赛开始后，他就以百米的速度奋力地向第一个目标冲去，等到达第一个目标后，又以同样的速度向第二个目标冲去。他把 40 多公里的赛程，分解成几个小目标，并轻松地跑完了。

　　　　起初，他并不懂得这样的道理，把目标锁定在 40 多公里外的终点线上的那面旗帜上，结果跑到十几公里时就疲惫不堪了，被前面那段遥远的路程给吓倒了。

　　可见，目标的力量是巨大的。不过这个故事更加强调的是：在大目标下分解若干个阶段目标，分步实现大目标。设定正确的目标不难，但要实现目标却不容易。如果目标定小了，必然阻碍你的进步，耽误你的发展；如果目标定大了，又有人会说你吹牛；如果目标定得太远了，会因为苦苦追求却无法实现而气馁。所以，应该将一个大目标科学地分解为若干个小目标，将年度经营目标与企业的战略目标相联系，落实到具体的每天每周的任务上，才是实现长远目标的最好方法。

我们在设定目标时，并非要为制定目标找依据，最重要的并非"为何"要设定这个目标，而是"如何"实现这个目标，"如何"比"为何"更重要。所以**不要为设置目标找依据，因为它没有依据；而要为既定目标找资源，因为资源是可以开发的，条件是可以改变的**。如果目标有价值，值得我们去追求，不要在乎资源和条件。尽可能高起点定位组织的发展目标，并与个人发展目标联系在一起。

另外，目标不宜太多，且可以量化，便于考核和激励。

行动方案（Action plan）。又称"行动计划"，就是引导管理过程，实现目标的措施。目标定好了，要针对目标制定一系列的行动计划，制订行动计划，要遵循 3W1H 原则：

- » 怎样达到（How）？
- » 谁负责行动（Who）？
- » 要做些什么（What）？
- » 什么时候完成（When）？

由谁做，做什么？找出实现目标的途径、方法、手段、资源及措施。

目标有了，行动计划也有了，接下来重要的是执行和过程的督导。针对目标制定了行动方案，事情才刚刚开始，设置目标和制订行动计划不是一件非常困难的事情，花点时间，掌握好方法，就可以做好，难就难在执行。执行是最难的，针对执行要遵循 PDCA 原则：

» 计划（Plan），就是上面说的制定目标和行动计划。

» 做（Do），按计划实施。

» 检查（Check），一定要定期检讨，检查实际情况是否偏离方向。

» 实施（Action），根据检讨情形，实行纠正措施。

针对纠正措施，又可以设立：纠正计划（Plan），然后又可以针对计划实施（Do），检查（Check），再纠正（Action），这样就形成了一个循环，这就是"控制论"里面著名的"PDCA 循环"。只有这样坚持不懈，才有可能达到你设置的目标。

考核激励（Excitation）。一个企业的良好发展与员工工作的积极性是密不可分的，通过绩效考核这一制度来激发员工的积极性就是要重新给员工的思想进行定位，要让他们认识到自己在公司发展中的地位，明白自己的利益是依托于公司的良好发展，以此来激发其工作的积极性。而仅仅只有这些还不够，精神层面上采取了一定的措施，当然也少不了物质方面的，这也是最有效的一种方法，在组织层面，最核心的是强调执行力。设计好的考核激励体系，要坚决地执行，强调落实，尽最大可能全部予以兑现。只有严格地执行考核，才会使员工认真对待相应的考核指标；只有严格地兑现激励，才会使员工努力完成各自的工作，获取相应的收益。在这方面，组织内部首先要建立完善的考核评估流程，制度化、规范化考核过程，透明、公开相应的考核结果及考核结果应用。而且，明确激励的原则与内容，以及与考核结果相对应的明细条款和计算方式，确保目标的完成。

简单来说，绩效考核就是一项测评，就是要对员工的工作成效进行考核，了解其工作情况，发现并解决问题，再依据这些情况对员工进行奖励或者惩罚。当然，这些测评都要采取科学的标准与方法。

工作业绩考核，即对员工工作进行一个定量的测评与考察，工作业绩的多少可以直接体现其对公司或企业的贡献值，而这也直接反映出员工对于公司的价值。这项考核是一项最直接的考核，也是在诸多工作中最为基本的一项考核。

要想实现考核的激励作用，首先一个良好的考核制度是必不可少的。只有员工对考核制度满意，才能充分地调动起员工工作的积极性，进而更好地为公司服务，使公司更好发展。因此，激励作用首先就是能够调动员工工作的积极性。对员工绩效及薪酬进行一定的调整，相信对于员工积极性的调动是有利而无害的。考核的激励作用还体现在人才保护方面，在对员工进行激励的时候，还应该考虑到帮助员工进行提升，也就是要让员工明白自己在公司的发展空间，了解自己的发展前途。所以，激励不只是简单的物质上的激励，更应该是发展空间的驱动，只有让其在公司具有归属感和存在感后，员工才会对公司更忠心，也能服从公司的安排，更好地为公司服务。

考核激励作用的实现，最重要的是考核结果的应用，要有一个良好的激励机制。应该保证这项机制在公平、公正、公开的环境下进行考核。必须让被激励的人了解到自己所处的考核环境是公平的。不公平的考核环境会使得员工产生厌恶，工作态度也会变得更为消极，将完全失去激励的作用。要充分听取员工的意见，并对考核激励制度进行持续改进。要更好地让这种激励在员工中产生作用，应当把精神奖励与物质奖励相结合。员工在公司工作就是为了得到一定的利益，因此一定的物质奖励可以有效地对员工起到一定的激励作用。而员工在不同的工作时间与工作环境下所需求的东西也不一样，因此要充分了解到不同时期员工的需求，并据此给予员工相应的物质和精神奖励。这些需要管理者充分了解员工的情况，并实施奖励。绩效考核激励制度是公司在进行管理时采取的一项措施，是为了提高公司员工个人业绩和公司业绩，从而促进公司的发展。

培养精简高效的动车团队

为何高铁比普通火车跑得快？一方面是高铁的路轨做出了改革，信息传递也有了很大的进步，使列车能够准确平稳前进，这样才能高速、全速行驶。另一方面，就是高铁的列车也做出了改革。过去说："火车跑得快，全靠车头带。"现在的高铁是每节车厢都在动，所以叫"动车"。高铁不再用火车头来牵引列车，而是使用动车组，几乎所有车轮都一同运转，不仅团结合作力量大，而且变速也灵活了，这样才能提高速度。

传统的列车开动，首先要火车头的车轮转起来，然后拖动列车。可是火车头的重量，毕竟比不上整列火车，是不可能瞬间直接带动整列火车的。火车实际开动时，火车头要首先牵动第一节车厢；第一节车厢一同动起来后，增大了火车头运动的能量，才能牵动第二节车厢……整列火车才能开动起来。这其实是一节一节动起来的，有个相当长的过程，需要相当长的时间。变速也一样。因此，普通火车要跑得快，是相当不容易的。

再看高铁，动车组每节车厢都有牵引电机，每个车厢都是火车头，几乎每个车厢都可以同时驱动，每个车轮都有旋转动力。这样一来，动车组前进，就像赛龙舟，龙舟手个个都奋力划桨，所有车轮同时一致运转，团结力量大，列车相对就变轻了，列车就跑得快了。同理，企业的持续发展，也需要全体动作一致，指挥操作才灵活。要是动作不协调，改变状态要好长时间，速度就不能这么快了。

简单管理倡导"人人都是火车头，个个都是责任人"，如果每个人都把公司的发展当成自己的责任，那么公司就可以像高铁一样快速前行。

团队的力量是无穷的。"一人难挑千斤担，众人能移万座山。"这是古人对团队力量的描写。美国通用公司由一个亏损严重的问题企业，奇迹般地崛起并成长为世界 500 强，正是团结的力量完成了韦尔奇伟大的梦想，这就是团队的力量！

团队就是力量。培养一群善于预防危机和解决问题的人，而不是自己去解决所有问题。俗话说："一个篱笆三个桩，一个好汉三个帮。"培养一个精简高效的动车团队，是一个最简单实用有效的管理方法。

"个人英雄主义"往往得不到太好的结果。如何能够发挥集体智慧，打造高效的团队，对于企业的成败来说，往往是决定性的。培养简单高效的动车团队，让团队成员人人都是火车头，个个都是责任人，一般需要做好如下几个方面的工作：

统一思想，凝聚力量。团队交流要允许存在分歧，鼓励大家充分发表个人意见和看法，不要一言堂、一刀切。在充分听取意见后，团队负责人要及时统一思想，凝聚力量。团队成员对项目的具体内容达成共识后，可以少走弯路。对于已经确定的内容和方向，则不允许再讨价还价，要共同努力达成目标。对于团队来说，是否成功受诸多不可控因素影响。不管最终结果如何，团队及所有成员在全过程中，应该要展现出不同寻常的工作热情和能力，精诚团结，经过团队工作的特殊经历，使个人各方面能力得到全面提升。要允许失败。所以，除了重视结果以外，还要重视过程。对于个人来说，要鼓励从零做起，过去的辉煌已经过去。一般来说，团队成员都是经过挑选的各领域的骨干或精英，高效团队建设需要首先强调，不管过去怎样，也不管过去有多牛，不管过去能力有多强，过去做了多大贡献，进入新的团队后，人人平等，且不要再回头看，未来的辉煌只能从现在开始。

营造氛围，加强交流。在高效团队建设过程中，要营造荣辱与共的集体氛围。公司部门往往属于大集体中的一个小团队。团队被人议论、外部肯定和表扬等反馈消息，团队负责人应及时地与成员分享，并视作对团队的激励。同样，当有专家或外部人员、领导提出工作要求、建议或批评时，也应及时在团队内通报，让每位成员都掌握整体工作情况。高效团队建设还需加强公开交流。可在每月计划表中明确具体交流内容，并尽可能邀请相关专家参加。加强交流可以锻炼成员个人能力，包括表达能力；还可以分享成功经验，活跃工作氛围，保证团队目标的实现。同时，团队负责人还需注重个体交流，让每位成员感受到自己被关注。针对工作中出现的问题，要站在成员角度，换位思考，小范围交流，对先进的成员要鼓励，对落后的成员要警示。

精神鼓舞，保持活力。激情是团队活力的源泉，团队负责人就是

"泉眼"。作为项目团队管理者，首先应该热爱自己的岗位，才能表现出激情。如果团队管理者一天到晚都是萎靡不振，懒懒散散，团队成员就不可能有好的工作热情。所以，需要用团队管理者的激情感染大家，也营造紧张氛围，最终营造工作严谨、氛围轻松的工作环境。同时，也要强调工作纪律的严肃性。团队负责人在分配工作时，一定要提出完成时间，特别是可能不能按时完成的工作。要强调，"一个人记十件事，要比每个人记一件事难得多"，并要求承担者主动向负责人通报完成情况，养成良好的管理习惯。团队活力来源于责任明确，任何一项工作一定要有分解，落实到人。也可小范围地明确负责人，可提高负责人的积极性。作为团队管理者，布置工作一定要有回应或结果反馈。有时，部分工作可能是临时安排，或者是不很确定的情况下提前做的部分工作。这时，不管任务大小或重要与否，也不管是否有用，管理者仍然需要和承担者沟通，哪怕是最简单的询问，给些意见，让其感受到所承担的工作并没有被遗忘，以此才能保持其工作热情和积极性。对于工作安排或者管理规定，如果临时有变化，则应该明确地通报团队成员，说明原因，而不应不了了之，否则会失去其严肃性。

尊重人才，共同进步。团队管理者，只有严厉是远远不够的。肯定要及时，批评要适可而止，特别是对能力较强、层次较高的成员。否则，就可能会造成其心情不愉快，进而影响工作效率与合作氛围。因此，适时地肯定和表扬就显得很重要。最重要的是让团队成员清楚知道自己努力的方向是否正确。要尊重团队成员的劳动成果，充分发挥团队成员的主观能动性，特别是在各成员有想法时，要充分尊重并鼓励其提出想法，不管是否正确，为保持其积极性，应不断肯定。团队管理者要想办法让每个成员有压力，也有动力。在不同场合，让每个人都有机会表现自己，体现自身价值，提高积极性。

团队管理者可对团队成员提出要求，将自己的角色"升位"，即站在团队管理者的角度看问题，为团队提供支撑。在提出问题的同时，也要提出解决问题的措施和建议。鼓励成员要敢于和善于作决定，要不断增强善于作决定的能力，要提高敢于决定的信心和魄力。尽可能让决策层做选择题，而非填空题或简答题。当到决策最高层时，最好只是让其做判断题，从而最终提高决策效率。

打造简单快捷的发展途径

随着知识经济的发展，企业发展受外界影响越来越大，外部环境给企业带来了挑战也带来了机遇。对外部资源合理运用可以有效帮助企业有效利用外力，提高利润，进而推动企业持续快速发展。目前，利用外部资源来提升企业能力，降低企业运营成本在发达国家较为普遍，但中国企业，特别是中小企业，对外部资源开发利用方面还未建立足够的意识，这显然不利于企业与世界接轨，给企业发展带来了一定的影响。

简单管理倡导"善用外部资源，巧用合作平台，活用配套服务，充分利用外部资源，打造简单快捷的发展途径。任何一个企业资源再多也还是有限的，企业不仅应拥有资源，而且还要具备充分利用外部资源的能力，考虑怎样联合外部资源得到最佳效果，使社会资源能更多更好地为本企业的发展服务。

充分利用外部资源的方式，可以分为：横向整合、纵向整合和平台整合。横向整合就是把目光集中在价值链中的某一个环节，探讨利用哪些资源，怎样组合这些资源，才能最有效地提高该环节的效用和价值。它与纵向资源整合不同，纵向整合就是处于一条价值链上的两个或者多个厂商联合在一起结成利益共同体，致力于整合产业价值链资源，创造更大的价值。纵向资源整合是把不同的资源看做位于价值链上的不同环节，强调的是每个企业要找准自己的位置，做最有优势的事情，并协调各环节的不同工作，共同创造价值链的最大化价值。横向整合的资源往往不是处于产业链内，而是处于产业链外。不论是纵向还是横向资源整合，都是把企业自己作为所整合资源的一部分，考虑怎样联合别的资源得到最佳效果。而平台式资源整合却不同，它考虑的是，企业作为一个平台，在此基础上整合供应方、需求方甚至第三方的资源，同时增加利益相关方的收益或者降低交易成本，自身也因此获利。阿里巴巴就是一个典型的搭建平台整合资源的例子，它整合了供应商和需求方的信息，打造了一个信息平台。供应商和需求方可以通过它交换信息，互通有无，达到最佳的交易效果，而阿里巴巴则通过收取服务费而盈利。

　　在企业资源中，最重要的还有资本，资本扩张的事实，完全改变了人们对于企业持续发展的理念。资本运作时代最为彻底的革命，是关于企业经营的理念发生了巨大的变化，不再简单地立足于内部经营管理和竞争对手的竞争，而在于运用市场中所有资源，创造顾客需求，充分利用外部资源，提升自己的能力，加快自身的发展。

　　今天，中国企业面临的市场竞争更加激烈，产业发展要求必须寻求规模效应，必须参与全球化资源配置和市场共享，必须多方寻求资金和产业资源整合。在这些要求下，企业未来的发展仅靠过去的内部资源积累的发展模式是不够的，而需要通过外部资源整合实现跨越式的发展，如此才能充分应对市场经济的严峻挑战。要做到这一点，资本运作无疑成为关键。可以预见，未来几年的优秀企业必将是以"简单＋资本运作"为重要手段的企业。

简单管理以盈利能力为导向，裁减过度管理，优化过程控制，聚焦重点，发挥优势，倍增利润。这是资本最高价值的追求。简单管理有效提升了对资本的凝聚力和吸引力，也减少了资本投入的风险。资本使财富发生裂变效应，资本让财富重新转移，资本创造着神奇的力量。简单管理与资本结合，将铸就企业腾飞的翅膀，让企业走向卓越经营之路。

思考题

一、简述简单管理基本要点。

二、如何打造"动车"团队？

三、如何借力加快发展？

第 13 章

持续发展简单思路

持续发展简单思路

组织持续发展问题，是我们大家共同关注的问题，也是我们共同的愿望，更是我们共同的责任。没有哪一个人不希望自己管理下的组织（公司）能够持续发展和高速发展。那么，一个公司或一个组织如何才能持续发展高速发展？这是一个复杂的问题，组织持续发展的途径、手段和方法都有可能是多方面的、复杂的，但它也可以是一个简单的问题。我们的组织及其管理不管如何复杂，如何来定位组织的发展目标和实现目标的行动方案，都有一个共同的概念，那就是合法地赚取更多的利润。这是组织的使命，这是组织设立和生存的理由，只有赚取更多的利润才能持续发展。

那么，怎样才能赚取更多的利润，获得持续快速的发展？简单地说：只要同时满足两个充分必要条件，就可以持续发展，甚至高速发展。第一个条件是投资收益，投资者要赚钱。就经济组织而言，任何投资，包括国有资本、民营资本、个体资本、外来资本，要有钱赚才能持续发展；第二个条件就是社会价值，赚钱以后要对社会有贡献，或者至少不能危害社会，比如污染环境、偷税漏税。只要同时具备"投资收益和社会价值"这两个充分必要条件，一般组织就可以持续发展，甚至高速发展。

效益从哪里来？

效益靠资源。所以，长期以来，组织持续发展问题被认为是资源问题。组织持续发展缓慢，第一个理由就是资源贫乏，就是没有钱，没有技术，没有人才等，以致组织持续发展缓慢。本文把资源分成两个部分，一是内部资源，即现在已经拥有的资源。这部分资源在我们的权利支配之下，可以任意地使用它，但是不是都用好了？比如现有的人力资源，是不是都充分使用了？员工的积极性和创造性是否都充分发挥了？不一定，没有谁敢说都用好了。所以，对现有的资源一定要尽可能充分使用，这叫"内部资源优化"。二是外部资源，现有的内部资源不管怎么富有，但总是有限的，如何去吸收和利用大量的外部资源，那才是无限的，这叫"外部资源扩充"。假如现有资源得以有效利用，又能吸收大量的外部资源，能不快速发展吗？

如何优化内部资源和扩充外部资源？

也许优化内部资源和扩充外部资源的途径、手段和方法是多方面的，也是复杂的。但它也可以是简单的，靠的是"凝聚力和吸引力"。所以，在某种意义上，凝聚力和吸引力就是我们持续发展的能力，简称"发展力"。或是凝聚力 + 吸引力 = 发展力，组织有了凝聚力和吸引力，就有了发展力，就能推动组织的持续快速发展。

持续发展关键因素

如何提升凝聚力和吸引力？这个问题是复杂的，途径手段方法都是多方面的，但它可以是简单的，提升凝聚力和吸引力靠的是良好的组织环境。组织环境是指所有潜在影响组织运行和组织绩效的因素或力量。

当然，环境也是多方面的。一般来说，以组织界限来划分，可以把环境分为内部环境和外部环境，或称为工作环境和社会环境。

组织内部环境是指管理的具体工作环境。影响管理活动的组织内部环境包括：物理环境、心理环境、文化环境等。

物理环境要素包括工作地点的空气、光线和照明、声音（噪音和杂音）、色彩等，它对于员工的工作安全、工作心理和行为以及工作效率都有极大的影响。物理环境对组织设计提出了人本化的要求。防止物理环境中的消极性和破坏性因素，创造一种适应员工生理和心理要求的工作环境，这是实施有序而高效管理的基本保证。

心理环境指的是组织内部的精神环境，对组织管理有着直接的影响。心理环境制约着组织成员的士气和合作程度的高低，影响了组织成员的积极性和创造性的发挥，进而决定了组织管理的效率和管理目标的达成。心理环境包括组织内部和睦融洽的人际关系、人事关系，组织成员的责任心、归属感、合作精神和奉献精神等。

文化环境至少有两个层面的内容，一是组织的制度文化，包括组织的工艺操作规程和工作流程、规章制度、考核奖励制度以及健全的组织结构等；二是组织的精神文化，包括组织的价值观念、组织信念、经营管理哲学以及组织的精神风貌等。一个良好的组织文化是组织生存和发展的基础和动力。

组织外部环境是指组织所处的社会环境。外部环境可以分为一般外部环境和特定外部环境。一般外部环境包括：社会人口、文化、经济、政治、法律、科技、交通、资源等。一般外部环境的这些因素，对组织的影响是间接的，长远的。当外部环境发生剧烈变化时，会导致组织发展的重大变革。特定外部环境因素主要是针对企业组织而言的，包括供应商、顾客、竞争者、政府和社会团体等。特定外部环境对企业组织的影响是直接的、迅速的。外部环境从总体上来说是不易控制的，因此它的影响是相当大的，有时甚至能影响到整个组织结构的变动。

按属性分，组织环境还可以分为：硬环境和软环境。硬环境指为创造良好的投资环境建设的交通、电力、通信、供水、工业厂房等基础设施和生活服务设施。软环境是相对硬环境而言的一个概念，它是指物理环境（物质条件）以外的诸如政策、文化、制度、法律、思想观念等外部因素和条件的总和。在现有的环境下，这些因素又集中体现在机制上。软环境就是在经济发展中，相对于地理条件、资源状况、基础设施、基础条件等"硬件"而言的思想观念、文化氛围、体制机制、政策法规及政府行政能力水平和态度等。

组织环境调节着组织结构设计与组织绩效的关系，影响组织的有效性。组织环境对组织的生存和发展，起着决定性的作用，是组织管理活动的内在与外在的客观条件。本文所指环境是软环境，硬环境改变起来很困难，如建设高速公路和机场，需要大量的资金投入，而且需要很长的时间，比如建设青藏铁路就花了48年。软环境就是政策。改变政策比较容易，不需要很长时间，也不需要太多的投入。政策可以自己制定，也可以向上级争取。可以说，政策好环境就好，环境好凝聚力和吸引力就高，发展力就大，就能有效地优化内部资源和开发利用更多的外部资源，促进组织的持续快速发展。所以，影响组织持续发展的关键因素是政策。也就是说，政策决定了发展。持续发展问题可以简化为政策问题，而不是资源问题和其他问题。这个政策反映在组织管理上，那就是管理组织、制度、流程和文化。

邓小平说过：政策对头了工作就好做了。政策决定组织持续发展的速度与规模，深圳的崛起有力证明了这个事实。30 多年前的深圳是一个贫穷落后的小渔村，它凭什么在 30 多年里发生如此巨大的变化？众所周知的一个重要原因，就是它率先有了一个改革开放的政策，叫"特区政策"，就是这个政策营造了一个良好的环境，叫"特区环境"。这个环境不但让它自有的资源，比如土地资源获得了有效利用，更重要的是帮助它开发和利用了大量的外部资源。现在我们看到深圳的一片繁荣，一栋栋高楼大厦，一个个跨国公司，一条条地铁和高速公路，没有几个是属于深圳当时、当地居民的资源投入；大量的资金、技术、人才都来自于深圳的外部。所以，你发展得好不好，不在于你口袋里有多少钱，有多少资源，而在于你能够利用多少社会资源。

观念决定组织命运

政策改变环境，环境促进发展。那么，政策是怎么来的？深圳为什么率先拥有这个政策？有一首歌大家很熟悉，叫《春天的故事》，它回答了这个问题，说的是："有一位老人在中国的南海边画了一个圈。"所以，深圳就率先有了这个政策。这个"圈"—— 深圳经济特区，如今已经成为一座现代化城市。但是，这位老人为什么把这个圈画在这，没有画到其他地方去？这里面一定是有原因的，这个问题值得我们去研究。有一点可以肯定的是：政策是可以争取的，政策是可以改变的。不去改变，不去争取，不可能拥有一个好的政策，天上不会掉馅饼。

政策决定了发展，那什么决定了政策？影响政策制定的因素是多方面的，但主要的因素是观念。观念改变政策，观念创造财富，改变观念就改变命运。持续发展问题，关键是政策问题，而影响政策的关键因素又是观念。所以，观念决定了组织持续发展，观念直接影响企业持续发展的命运。观念不变原地转，观念一变天地宽。改变观念就能创造机会。

过去，我们祖祖辈辈都说"老虎屁股摸不得"。现在老虎告诉我们："为了生存，特将屁股供应玩摸，每次收费 5 元。"这就是观念的突破，以前不可以做的事情，现在可以了，而且还有钱赚。也就是变不可能为可能。管理者要有"变不可能为可能"的观念，这才是管理者能力和水平提升的标志。在别人看来，完全不可能的一件事情，在你看来是可能的，或者你有办法把它转化成为可能的，你当然就比别人更有能力，更有水平，你当然就走在别人的前面。所以，改变观念就等于提高能力，改变观念才能创造机会，加快发展。任何看似不可能的事情，都有存在"变不可能为可能"的机会。也许在个人看来是不可能的事件，在团队看来却是可能的。只要愿意去改变，就一定可以"变不可能为可能"。管理者一定要有这种观念，否则，搞企业赚钱赚不多，做官做不大。

观念比资金还重要

观念有时候比资金都还要重要。在美国作家罗伯特·清崎、莎伦·莱希特所著《富爸爸穷爸爸》一书中，讲述了这样一个故事：

从前有一个小村庄，非常缺水，除了雨水之外没有任何其他水源。同时，村里人一致认为这里是他们生活的理想之处。为了根本解决喝水的问题，村里的长者决定对外签订一份长期供水合同。有两个分别叫艾德和比尔的商人，愿意接受这份工作。于是，村里的长者把这份工作同时给了这两个人，因为他们知道适当的竞争有利于保持水的高质量和低价格。

在接到这份工作之后，艾德第二天便投入工作当中，马不停蹄地跑到城里买了一些水桶，雇佣了一些劳务工为他挑水。艾德兴奋不已，每日不辞辛苦地奔波于湖泊和村庄之间，起早贪黑，工作虽然累了点，但很快就赚到了很多钱。

另一个叫比尔的人，在接受工作之后就消失得无影无踪，几个月的时间不见人影。这更是让艾德兴奋不已，由于没有了竞争，艾德赚得了所有的水费。

比尔去干什么了？原来他没有像艾德那样买水桶，因为他连买水桶的钱都没有。这就是一个观念的突破：买水桶的钱都没有，他也敢去谈供水项目，签订合同。在"失踪"的这段时间里，他经过深入的市场调查，制定了一份详细的商业计划。凭借这份商业计划，比尔找到 4 位投资者。他把投资平均分成了 5 份，投资者各一份，他自己一份，组建了一家公司，并聘用专门的人才做经理。这就是人类历史上最早的招商引资，也是最早的股份公司。6 个月后，比尔带着一个施工队伍和一笔投资回到村庄。他没有拿钱去买水桶，而是去买了水管，花了整整一年的时间修建了一条由村庄通往湖泊的大容量供水管道。

在隆重的竣工典礼上，比尔向全村的人郑重宣布，比尔的水比艾德的水更干净，没有任何灰尘，并且保证每天 24 小时不间断供水。比尔还宣布，这种干净无污染的水比艾德的水便宜 75%。整个村子的人欢呼雀跃，奔走相告，并立刻从比尔的供水管道上接上了水龙头。可以想象，艾德只好关门了。

这个故事告诉了我们一个事实：观念比资金还要重要。就像上面这个故事，一个有钱的人办了一个"短命"的公司，没多久就倒闭了；一个没有钱的人开创了一项惠及祖祖辈辈的事业，也就是人类历史上最早的自来水产业。

思考题

一、简述持续发展的简单思路。

二、为什么说观念比资金还重要？

第14章

持续发展的简单途径

影响组织持续发展的因素是多方面的，也是复杂的。然而，组织持续发展的途径，却可以是简单的，对于企业来说，只要做好 5 件事就可以了。

» 确定组织的发展目标。

» 建立组织利益共同体。

» 营造良好的组织环境。

» 塑造优秀的企业文化。

» 持续不断的创新突破。

确定组织的发展目标

目标是个人、部门或整个组织所期望的成果。目标就是计划，它给自己的人生或组织确定一个希望达到的场景。

组织目标就是组织的宗旨或纲领，它说明建立这个组织的目的，指一个组织未来一段时间内要实现的预期结果，它是管理者和组织成员的行动指南，是组织决策、效率评价、协调和考核的基本依据。任何一个组织都是为一定的目标而组织起来的，目标是组织的最重要条件。无论其成员各自的目标有何不同，但一定有一个为其成员所接受的共同目标。组织目标为组织的前进指明了方向，从而也为组织确定了发展路线。确定目标是组织的战略、计划和其他各项工作安排的基础。

不同组织有不同的目标。组织目标是识别组织的性质、类别和职能的基本标志。任何组织都把确定组织目标作为最重要的事。组织目标对组织的全部活动起指导和制约作用。

组织目标直接影响组织持续发展的速度与规模。我们要相信一个事实，有目标和没有目标其结果是不一样的；目标大和目标小，其结果也是不一样的。可以说：目标定得小，绝对影响你的进步，影响企业的发展速度与规模；目标定大了，毫无疑问，你将发展得更快一些；目标定得太大了，就会有人说你"吹牛"，没有人相信你；如果目标定错了，将导致你的失败。所以，你眼光有多远，格局就有多大；你目标有多大，事业就有多大。反过来，你眼光短浅，那么你的事业就渺小，企业发展就缓慢。

所以，目标管理最重要的是定位目标的思路。不同的思路，不同的观点，定位目标的结果是不一样的。每个企业每年都有一个年会，总结过去、展望未来。过去好总结，展望未来就困难了，展望未来就是定位目标。怎么来确定企业目标？

想当年，我们公司从 8 个股东 15 个员工起家，没有自己的工厂，更没有自己的技术研发中心，把别人的产品买过来，再转手卖出去，就这样倒买倒卖，当时叫"外贸"，第一年倒卖了 500 多万美元。第二年做多少，这就是一个目标定位问题。我当时找了 3 个朋友给我定位一个目标，答案竟然是 3 个，分别是 650 万美元、1000 万美元、5000 万美元，理由是什么？他们既不了解我们的公司，更不了解我们的市场。当年我们自己定了 1500 万美元，业务部门的第一反应就是，是不是搞错了，年度目标 1500 万美元的理由是什么？后来我悟到了一个道理，原来定位目标只有"相信"，没有"理由"，不相信叫"吹牛"。思路不一样，目标定位就不一样。

确定组织目标可以有很多思路，但主要的有两种，一种是传统的思路，也叫复杂的思路；一种是现代的思路，就是简单的思路。我们用不同的思路，对目标定位进行不同的思考。传统的思路，其理论基础就是企业战略管理学中的企业战略目标定位。基本程序是：内部条件分析、外部环境分析、竞争对手分析…… 这样分析的结果，一定是困难多多，问题不少，所以，目标只有越定越小。

第二种思路，就是简单的思路，压根就不分析，就像小伙子看到靓女一样，发现了"目标"就上，咬住"青山"不放松，勇敢去追求，执着地奉献。有事没事总找事，不断地靠近。靠近的结果是什么？就是接近市场，接近市场的好处是了解市场，了解市场就能倾听客户的声音，也许哪一天她就会说：先生你要和我交朋友，没问题，你只要好学上进，事业有成就可以了。OK，好学上进没问题，明天就报读博士研究生。事业成不成那是以后的事情，从明天开始做事业。别人下班我加班，别人逛超市，我去读夜校；别人打麻将，我去图书馆。就这样执着追求、默默地奉献。这样坚持下去的结果，至少有两种，而且都是好结果。一种结果就是，小伙子如愿以偿了，他实现了理想的目标，靓女投入了他的怀抱，永远属于他，或至少有一段时间属于他。另一种结果就是，目标没实现，靓女成为了别人的新娘。但是，他没有后悔，因为她（目标）的激励，他好学上进了，事业有成了，硕士变博士了，员工变股东了。很明显，选择第二种思路定位组织目标，有利于组织的持续快速发展。

　　曾经有一位地级市的领导，下课就请我去吃饭。他有一肚子心里话要跟我说。

　　他说："安老师，你今天上课讲的那个定位目标的'故事'，讲的是我的经历。不瞒你说，早在20多年以前，有个教授、校长的女儿，对我有那么一点意思，可是我一分析，感觉自己是个农家子弟，差距太大，我立马想到的是'不可能'。我告诉她：'你还是离我远一点，咱们是不可能的。'毕业以后，她因为生气，就移民去了美国，还嫁给了美国人，而且还生了一男一女。"

　　我问："你怎么这么清楚？"

　　他说："这20多年来，我心里一直放不下她。我做了领导以后，有机会去了一次美国考察，才得知她已经是别人的新娘，还生了一男一女。"

　　他很有感触地说："安老师，我要早20年认识你，按你说的，勇敢地踏出那一步，她就可能属于我，或者至少有一段时间属于我，我就不会后悔终生。"

为了安慰领导，我只好告诉他："20 年前，你认识我也没用。因为 20 年前，我自己也不明白这个道理。"

我今天明白了，所以我告诉大家"只要目标有价值，值得我们去追求，就大胆地追求，不要在乎资源和条件，不要再犹豫，再耽误了"。理由很简单，资源可以开发，条件可以改变。

有梦想才能成功。当年，我们公司 1500 万美元的年度目标，你们不要问我理由，因为我没有理由。如果一定要有个理由，那就是公司生存发展的需要。要做不到 1500 万美元，连房租都交不起，更不要说工资奖金了，这就是理由。希望大家能相信这个目标是能够完成的，不要去找什么理由，而是要去找资源，去找方法。没有人才我们可以招聘，没有技术我们可以引进，没有产品我们可以开发，没有资金我们可以借贷，没有设备我们可以租赁。没有什么不可以，结果，我们公司以 2300 多万美元超额完成了目标。

所以，目标只有相信，没有理由。定位目标的简单思路就是，不要为设置目标找依据，因为它压根就没有依据，而要为既定目标去找资源，因为资源是可以开发的。

历史的故事，说明了这是事实。

1935 年初，中国共产党和中国工农红军进入了一个特别困难的时期，30 万红军就剩下 2-3 万，在这么极端困难的历史条件下，党中央果断地在遵义召开了特别会议，重新明确了毛泽东的领导地位。毛泽东主席提出了新的三大目标：赶走日本帝国主义，推翻三座大山，建立新中国。这个目标在当时历史环境中有理由吗？没有。目标只有相信，没有任何理由，不相信叫吹牛。相信他能带领大家实现这个目标，跟着他一直往前走。历史的事实告诉我们，他没有"吹牛"，理想目标实现了。1949年10月1日，毛泽东用他浓重的湘音，在天安门城楼上向全国人民宣布：中华人民共和国中央人民政府成立。

我们再看一个事实：1959-1961年，我们年轻的共和国又面临着极大的困难，全国大饥荒，全国人民吃不饱。当年，周恩来总理受毛泽东主席的委托，向全世界宣布了一个"惊心动魄"的大消息——我们要搞原子弹。去哪里找理由？没有理由，只有相信，不相信就是"吹牛"。全世界都说他吹牛，美国佬、蒋介石都说他吹牛。蒋介石说："搞什么原子弹，鸡蛋都没几个，还搞原子弹，等着我打回来。"可是事实再一次证明，毛泽东并没有"吹牛"，目标又实现了。

以上都是政治家的故事，我们再看看企业家。

海尔的张瑞敏，当年张瑞敏接手海尔以后，就立志要做中国家电的大哥大，要做中国家电品牌，要走向世界。也没理由，不但没有理由，而且还亏损147万元。听说当年还有个规章制度：禁止在车间大小便。你们想想看，这种问题都要规定，可见海尔的管理是何等的混乱。你能相信，他能做成全国家电大哥大吗？没有理由，只有相信，不相信就是"吹牛"。事实证明他没有"吹牛"，目标都实现了。

不管是政治家还是企业家，尽管当年的条件不怎么样，甚至是极端困难，但是他们远大的理想目标都实现了。如果我们把这种"前瞻性，高起点"定位组织目标，视为"吹牛"的话，我们就可以这么说，成功在某种意义上是"吹"出来的，或者说喜欢"吹牛"的人，一般都比较成功。

建立组织利益共同体

建立组织利益共同体是组织持续发展的原动力，也是组织持续快速发展的简单的途径和方法。它包括组织内部利益共同体和外部利益共同体两个方面。

组织内部利益共同体就是，采用"三三三一"的分配机制，即在公司税后的利润中，用30%回报股东，用30%回报员工，30%留作公司的运营费用，10%留作公益事业。同时实施股权激励制度，将公司骨干成员（职业经理）和创业者（股东）的利益联系起来，让经理人关心股东利益，享受股权的增值收益，并在一定程度上承担风险。使经理人和股东的利益追求尽可能趋于一致。这样能使经理人在经营过程中更多地关心公司的长期价值。股权激励对防止经理人的短期行为，引导其长期行为具有较好的激励和约束作用。通俗地说，利益共同体就是通过组织内成员的努力，促进公司的持续发展。公司持续发展以后，可以给个人带来更好的待遇、更多的机会，让其在一个更高的平台上继续努力，并促进公司的持续发展。这种个人和企业互动共进的关系，被称为"组织内部利益共同体"。

事实证明，利益共同体是企业持续快速发展的简单途径和方法。中国有句古话，叫做"大河没水小河干"，这是过去在国有企业经常说的话，意思是要重视公司的利益、集体的利益，然后才能说个人的利益。谁要是跟领导说个人的利益，这个人思想就有问题，讲个人利益是一件很不光彩的事情。来到深圳自己创业后，我感觉那句话好像有问题，或者说是错误的。事实是"小河没水大河才干"，比如长江，如果没有上游成千上万条涓涓细流，哪有滚滚长江？所以，企业老板们应该率先考虑员工个人的利益，满足员工的基本需求，包括待遇和机会，员工的积极性和创造性才能发挥出来，公司的利益自然就有了。就连国家也要考虑"建立人民群众满意的服务型政府"，作为一个企业更应该是这样。

建立组织利益共同体可以使个人的工作热情和积极性提高，因而提高绩效，促进组织的持续发展与效益最大化；组织的发展又给个人带来更好的待遇和发展机会；个人的工作绩效与其待遇、保障和机会联系起来；企业需要其成员提供绩效（贡献）以达成目标；员工需要机会在达成组织目标的同时实现个人目标；这种组织与员工的有益互动即为组织利益共同体。

我们要相信一个事实，那就是"做自己的事情最卖力，用自己的钱最节省"。

既然做自己的事情是最卖力的，用自己的钱是最节省的，作为管理者，我们能不能想一个办法让组织成员每天都感觉在做自己的事情，每天都在用自己的钱。世界上有没有这么一种办法，一定是有的，这就是组织利益共同体，它的表现形式是"骨干员工持股或者期权持股制度"，也就是我们常说的"股权激励"。

骨干持股，不是全员持股，全员持股就是过去的全民所有，到头来还是大家都没有。骨干就是比别人干得好，甚至没有他，别人还干不了的那种人，那才叫骨干。按"二八原理"，就是 20% 的骨干，创造了公司 80% 的利润。我们就要让这 20% 的骨干员工拥有公司的未来价值。这部分人既是员工又是股东，享受了双重身份的利益分配，充分体现了"做好做坏不一样"的绩效理念，有效提升了组织的凝聚力和吸引力，让优秀的人才"引得进、用得上，留得住"，特别是把优秀的骨干人才留住。有很多企业包括私人老板，都会想到给企业的骨干部分股权，甚至连上市公司也都会考虑给骨干一些股权。这种制度已经成为企业的一种基本的制度。骨干员工期权持股、企业年金、贷款购房购车计划等都是建立组织利益共同体的好方法。

在全球 500 强企业当中，有 89% 的公司采用西方经理的薪酬激励制度。反过来说，89% 的公司采用这种制度，让它们做成了世界 500 强。不要小看这个制度，这个制度就是政策，这个政策会决定组织的持续发展。这个制度会让员工的积极性发挥到极致，让公司获得高度成长，个人也随着成长。

组织外部利益共同体是把组织外部利益相关方与组织的利益联系在一起。外部利益相关方指的是受组织活动影响或者对组织目标的实现有影响的群体或个人，如：政府、社区民众、投资者、股东、消费者、供应商、媒体、竞争对手、民间组织等。当前工商企业界在履行其社会责任过程中也越来越认识到：重视利益相关方关系能给企业的发展创造良好的环境，而忽视二者之间的关系会给企业在商业及信誉上增加潜在的风险。例如，惠普公司认为与利益相关方的沟通可以帮助公司持续发展。企业不能有损相关方的利益，比如，对社会要承担必要的责任，特别是不能伤害社会，不要污染环境、搞黄赌毒，只有这样，组织才能持续快速发展。同理，与客户也要建立利益共同体。在现在全球经济化的市场环境中，同行如敌手的时代已经过去，应该与客户联合起来成为合作伙伴，甚至让客户也投点钱，成为股东，既是客户也是股东，形成了股东销售，这样就建立了长期的客户关系。对于供应商来说，你就是他的客户，既然你的客户都参股了，那么你也作为客户参股供应商，这样就把供应链的利益共同体建立起来了，原材料、配件供应也稳定了。

如果内部和外部利益共同体都建立起来了，形成多边共赢的关系，共同的利益有大家关心，共同负责，得道多助，让全社会、全方位的资源都在支持你，可以预言：企业的腾飞指日可待。不管做什么生意，都不可能只有你赢，只有让大家共赢，才能确保基业长青，永续经营。

营造良好的组织环境

组织环境是多方面的，本文所指环境是"软环境"，主要包括：人才环境和发展环境。营造良好的人才环境，是简单管理的重要措施。各行业企业要高度重视人才环境建设。任何一个企业，只有把人才环境建设好，让大家干得开心，才能激发大家的积极性和创造性，促进企业各项事业的发展。

营造良好的人才环境

什么是良好的人才环境？这是一个复杂的问题，对良好人才环境的理解也是多方面的。比如：让优秀人才脱颖而出的机制和环境；良好的工作和生活环境；民主活泼的学习氛围；和谐融洽的人际关系；完善的人才竞争、激励和选拔机制等。而从简单的角度去理解良好的人才环境，就是让人才开心的环境，就这么简单。不管你用什么方法，让他开心就行。人只要开心，什么人间奇迹都能创造出来；如果不开心，什么麻烦都搞得出来，告你的状，让你不得安宁。

那么，怎么样的环境才能让一个人开心？这是一个复杂的问题，但也可以是一个简单的问题。有些心态比较好的人，不管在什么环境中，每时每刻都很开心；可是有些人你对他再好，他也不开心。你对他更好一点，他可能会说你这个人有什么企图。所以，这也是个复杂的事情。还是那句话：英雄都有用武之地，功臣都不会吃亏。你如果是英雄，是人才，一定有个适合你的岗位，想干啥就干啥，让你充分发挥你的积极性和创造性，实现你的价值；如果你在这个岗位上为企业、为国家、为社会做了贡献，你就是个功臣，你一定不会吃亏，你会觉得自己的付出很有价值。如果这样都不开心，你还要怎么开心？

企业可以设置一个轮岗制度，让员工可以任意选择自己喜欢的工作试一试，做自己喜欢做的事情是很容易让人开心的。但有个重要的问题，就是谁是英雄，谁是功臣，往往不容易识别，结果常常搞错了。英雄没有用武之地，狗熊变成了英雄，功臣吃亏了，搞错了，这就要求导入一个简单管理卓越绩效体系，用它来培养英雄，识别功臣，把英雄和功臣管理起来，这才能让大家开心。有时候工资、薪水不在于拿多少，而在于平衡。这个开心不是说有钱就开心，有钱就有积极性，完全不是这回事。钱不是万能的，有些人薪水已经不错了，股份也有了，但积极性还是没有，因为他觉得心理不平衡。

建立"三位一体"的组织团队

建立"三位一体"的团队，即"像军队、像学校、像家庭"，三位一体的团队，是一个让人很开心的团队。

第一是像军队。一家公司如果能像军队那样，具有严格的工作纪律，那它绝对是战无不胜的。

第二是像学校。学校是最有凝聚力的。我们都从学校出来，学校给我们知识，给我们能力，给我们本领。能力和本事是饭碗。有人说，铁饭碗已经打破了，那是过去计划经济体制下的一种弊端。其实，真正的铁饭碗永远都打不破，有本事的人就有铁饭碗。所以学校给大家饭碗，凡是像学校的企业，就有凝聚力，就能调动大家的积极性和创造性。反映在企业中，它至少有个比较完善的培训计划，有学习培训的机会，有外派培训学习的机会，让大家跟着企业成长。

第三是像家庭。我们都有一个家，我们最熟悉的就是家，可是将自己管理下的公司搞得像一个家，却不怎么容易。这一点我也很有体会。每个人对家的理解都不一样。过去在很长的一段时间里，我对家的理解就是奉献。当然家庭需要奉献，这是肯定的，但是它不仅仅是要奉献。

我过去在国有企业做老板，每当年底我就喜欢开那种大会，讲套话、大话："同志们，我们一定要以公司为家，要努力干、拼命干，无论如何要完成今年的任务，不能开口就讲加班工资。加班就讲加班工资，这样很不好，这不是主人翁精神，这不是家。"

来到深圳打工以后，我从管理者变成了被管理者。最初，我给深圳的华为打工。不管你过去如何优秀，如何辉煌，一进去就安排你做插件。做了 3 个月，插得我腰酸腿痛，我才意识到过去让大家加班加点不要讲工资，那就不是人说的话。后来，我深刻体会到家不仅仅需要奉献，它更多的是需要关爱。只有更多的关爱，才能激发更强烈的感情。家还有一个特点，就是精诚团结，成功了咱们举杯相庆，失败了携手同行，咱们一起走，不要难过、不要伤心，还有我呢！这才是家。

一家公司，只有能够做到像军队、像学校、像家庭，才能够持续快速发展。当然像家庭，不一定要多发工资和奖金，更多的是需要点点滴滴的关爱。有人说现在是市场经营，是金钱社会，但我们要相信，人是有感情的。既然人是有感情的，我们就要重视感情的投资。感情的投资不一定花多少钱，而是简简单单的一些关爱。如果哪个同事病了，咱们去医院看一看，说一些宽心的话，比如：不用担心公司的事情，公司的事情有我们，你就好好地养病。你要是当事人，眼泪都会流出来，绝对是病好了好好干。如果生日时能给他发个短信，给个祝福，让他知道我们对他的关爱，就是这么简简单单。这些都是感情的投资，我们一定要重视，因为人是有感情的。

我们要高度重视人力资源开发和管理，要重视营造一个良好的人才环境，营造"晋升凭能力，收入凭绩效"的人才环境，让大家开开心心地干活，轻轻松松地做事。人可以创造效率、创造机会，帮助你实现理想的目标，促进你各项事业的进步，但也可以给你制造麻烦，搞你的鬼、告你的状，让你不得好死、让你公司倒闭。

现代人力资源管理的理论当中，有人把人力资源分成了两个部分，一个是增值的人才，一个是负债的人才。增值的人才就是帮你创造效益的那一种，负债的人才就是给你制造麻烦的那种。我们人力资源管理有一个很明确的任务，从招聘开始就要尽可能地引进那种增值的人才，然后改变那种负债的人才，让他变为增值的人才，实在改变不了就辞退。

有些成功的管理者给过我们一个启示：管理者最重要的是培养人才。管理者不要和马赛跑，不要老是去比较谁能干，而是引进一匹好马，把马培养好，让马高兴、让马健康，然后轻轻松松地骑在马上跑，这叫做"马上成功"。如果你不是把人才培养好，什么都自己去搞，不但复杂，而且辛苦，还"马上不成功"，有时候还可能永远都不成功。

营造良好的发展环境

发展环境是一个地区或组织思想解放程度、市场发育程度和经营管理水平的具体体现。环境的好坏直接影响组织持续发展的前景和后劲。环境是组织的形象，是资源，是生产力，也是竞争力。好环境带来新气象，好环境带来大发展。营造优良的发展环境，是组织持续发展的大势所趋。培植一棵大树，首先要培育适合大树生长的土壤。同理，组织要实现跨越式发展，必须有良好的环境作保证。良好的发展环境，具有"洼地效应"，能使资金、技术、人才、资源等要素不断汇集；具有"连锁效应"，能"一传十，十传百"，引来众多的合作伙伴和投资者。

良好发展环境的建设是多方面的、复杂的，但也可以是简单的。营造良好的发展环境，至少要做好3件事情：一是重视公共关系，二是承担社会责任，三是恪守职业道德，只要把这3件事情都做好了，我们就能有效地开发和利用社会资源，营造良好的发展环境，促进企业的发展。有很多企业，只注重企业内部的管理，却不太注重企业外部的经营，忽视了外部环境建设。有时候，外部经营要比内部管理效益更好。简单管理旨在让管理者从复杂的内部管理事务中解放出来，腾出更多时间来关注外面的事情，加强外部的经营，营造良好的发展环境，充分利用外部资源，促进或者加快企业的发展。

就地方政府而言，营造良好的发展环境，要重视营造发展氛围，深植责任意识，做到思想同心、目标同向、行动同步，形成人人思发展、人人议发展、人人干事业的浓厚氛围，凝心聚力推动组织的持续发展。强化服务意识，把外商的事当成自己的事来办，真正做到在其位、谋其政、履其职、尽其责。党的十九大报告提出，转变政府职能，深化简政放权，创新监管方式，增强政府公信力和执行力，建设人民满意的服务型政府，就是要持续推进简政放权、优化服务，积极推行权力清单、责任清单、负面清单制度，全面清理行政审批事项，全部取消非行政许可审批事项。服务群众是大事，只有把服务做到位，让人民群众真切感受到职能部门的门好进了，工作人员的脸好看了、话好听了，办事程序简捷方便了，创业创新的机会增加了、阻力减少了，才能营造出良好发展环境，促进组织各项事业的发展。

塑造优秀的组织文化

组织（企业）文化，是一个组织由其价值观、信念、仪式、符号、处事方式等组成的特有的文化形象。简单而言，文化就是组织在持续发展过程中精神财富的积累，是一个不断完善和充实的过程。它凝聚了组织管理者的智慧，是企业发展历程的一个缩影。企业文化是企业的灵魂，是推动企业发展的不竭动力。它包含着非常丰富的内容，其核心是企业的精神和价值观。这里的价值观不是泛指企业管理中的各种文化现象，而是企业或企业中的员工在从事经营活动中所秉持的价值观念。组织文化是在一定的条件下，组织经营管理活动中所创造的具有该企业特色的精神财富和物质形态。它包括价值观念、企业精神、道德规范、行为准则、历史传统、企业制度、文化环境、企业产品等。其中价值观是企业文化的核心。

价值观，就是要表达自己弘扬的是什么精神，什么事情可以做，什么事情不可以做。由此慢慢形成的一种行为习惯，就叫做文化。组织愿景，也就是组织发展的目标，不管是对组织内部还是外部，一定要有一个愿景，告诉大家组织的未来是什么，跟着组织努力干、拼命干，其结果是什么。

文化和制度都是企业管理的一种手段、途径和方法，都是用来规范行为的。但是文化和制度是不一样的。制度是强制执行的，叫你那么做，你就必须那么做，你不那样做就要被处罚。文化是一种自觉的行为，你进入这个公司，你的工作思路、工作方法、做人做事慢慢形成一种习惯了。自觉的行为习惯就是文化。所以文化是自觉的行为习惯，它没有强制性。那么是先有制度还是先有文化？有一种文化是先有制度的规范，后来形成了行为习惯，最终变成了文化。即公司从创立开始，就有这么一个规定，比如有些企业从星期一到星期四，男士是西装革履的，女士是穿着端庄的，必须打领带上班。一开始就有这么一个制度。公司成长以后，大家都习惯了，虽然没有制度规范了，没有人管了，但已经形成了自觉的行为习惯，也就由制度变成了文化。

还有一种文化的形成，压根就没有过制度规范，它就是领导的个性。领导带领大家这几年就这么走过来的，慢慢沉淀下来的一种行为习惯，没有任何的规定。大家习惯了怎么面对客户，怎么满足客户需求等，这种行为是没有制度规定的，是慢慢积累形成的文化。

文化其实也是一种重要资源。关于文化的作用，有很多理论的表述，有的说它有 4 个作用：一是导向作用，二是协调作用，三是凝聚作用，四是规范作用。也有人说它有 8 个作用：教育作用、辐射作用、沟通作用、激励作用，等等。还有人说它有 12 个作用。简单管理认为：文化的作用就一个，它直接影响企业持续发展的命运，文化是组织生存的基础、发展的动力、行为的准则和成功的核心。

企业家一定要高度重视企业文化的建设，不能轻视文化的作用。它仍然是企业持续发展的一个简单的途径和方法。文化直接影响企业的命运，在某种意义上文化是一种资源。

有一种现象：一个麦当劳汉堡包卖 15 元，一个深圳的包子卖 1 元，天理何在？这两个包子，为什么命运不一样？深圳包子哪里有？深圳有。麦当劳汉堡包哪里有？目前在世界 121 个国家和地区拥有超过 30000 家店，全球营业额约 406.3 亿美元。两个"包子"的命运为什么完全不一样？有一个简单的原因，就是汉堡包有文化，有个优秀的麦当劳文化。麦当劳企业文化是一种家庭式的快乐文化，强调其快乐文化的影响。和蔼可亲的麦当劳大叔、金色拱门、干净整洁的餐厅、面带微笑的服务员、随处散发的麦当劳优惠券等消费者所能看见的，都是外在的麦当劳文化。麦当劳创始人雷·克洛克认为，快餐连锁店要想获得成功，必须坚持统一标准，并持之以恒地贯彻落实。咱们深圳的包子应该说没文化，有谁说得清楚深圳包子的精神是什么？这里

面说明一个问题，即有文化的包子一个卖 15 元，没文化的包子一个卖
1 元，就这么简单。所以文化是一种资源，有一种无形的力量。像汉堡
包的麦当劳文化就是这种无形的资源。麦当劳就由这种文化产生的无
形的力量管理着。它在全世界有 3 万多家连锁店，全世界都是这么管，
都是这么做的。这就是文化，这就是文化的作用。

有很多的朋友都想创业，总是说没好项目。这不是好项目吗？一
个包子都卖 15 元钱，这个项目还不好？包子都能做成世界 500 强。所
以我们很多朋友不发财，总是说没好项目，原因是我们自己没有做好。
什么是好项目？什么项目都是好项目，就看你怎么去做。谭木匠最贵
的一把梳子能卖 1 万块钱，最便宜的也要四五十块，一般都是几百元
一把，因为它有文化。把梳子卖到全世界，卖到香港上市，这就是文
化的作用。

持续不断的创新突破

创新是人类历史永恒的主题。人类凭借创新的伟大力量，跨越了
石器、铜器、铁器、蒸汽机时代，进入到现在以互联网为标志的信息
化时代。历史雄辩地证明：创新是一个民族进步的灵魂，是一个国家
兴旺发达的动力。哪个国家富有创新力，哪个国家就先进、就强大；
哪个国家缺乏创新力，哪个国家就落后。当年英国由于蒸汽机的发明，
引发了世界的工业革命，也使英国成了当时强大的"日不落帝国"。现
代的美国，也是靠高科技，引领世界进入了信息化时代，从而成为世
界头号强国。同理，哪个企业缺乏创新力，哪个企业就衰落，创新的
好处不言而喻。

　　"创新"这两个字眼，是我们非常熟悉的词语，每天你都会听到看到或者说到"创新"这个词语，但是对创新的理解往往却不一样。现在有很多关于创新思维方法的著作和文章，介绍了很多思维方法。比如常规思维、非常规思维；正向思维、逆向思维；逻辑思维、非逻辑思维；抽象思维、形象思维；集中思维、发散思维；横向思维、纵向思维；求同思维、求异思维；顿悟思维、灵感思维；生态学思维、动力学思维等。这些名目繁多的所谓"思维"，使人感觉到创新是高深莫测的，增添了创新的神秘性，让人认为，创新并非常人可为，是一个非常复杂的事情，创新和普通人没多少关系，创新应该是那些院士、博士做的事情。

　　其实，创新离我们并不遥远，创新并非是高深莫测的，它和我们不是没关系，而是密切相关。哪怕是工作思路和工作方法一点点的创新突破，都有可能给我们创造新的机会和新的效益。人人都有创新的能力，事事都有创新的机会，我们每个人都具有创新天赋，都能够进行创新，关键是要有创新的意识和勇气。创新不一定是院士、博士才能做，小学生、小朋友有时候也能创新。创新有时候可以很简单，比如：大胆突破、种瓜得豆、种豆得瓜、突发奇想、巧妙组合、模仿借鉴、提前思考、反向求索、重新排列、取长补短、综合优势、方法综合等。一个成语，就可以悟到一个创新方法，让你获得一个创新成果。所以，创新并不神秘，也不是那样高不可攀。那些充满传奇色彩的创新，并不是得到了什么神灵的启示，也不是所谓"天才"的杰作。

　　简单的创新思路和方法就是离经叛道、奇思妙想、超越过去，就是超越本组织、本行业，甚至超越世界。创新就是为别人所不为，想别人想不到，做别人做不到，做别人不敢做。创新有时候需要"外行的思维，内行的行动"。因为外行，懂得不多，所以视野开阔，想象丰富，敢于打破常规，敢于挑战权威，敢于反向思维，大胆突破，从事物的不同角度去思考，结果就会不一样。内行，因为专业，所以考虑影响因素太多，容易把简单的问题复杂化，因此不敢想，更不敢干。**外行的思维，内行的行动，往往可以获得意想不到的创新成果。**

企业创新不一定要追求什么高新技术产品或高新技术项目。有为数不少的企业，投入大量的人力物力，赶超世界水平。其产品技术都达到了国内领先和国际先进水平，但却不能形成批量生产，没有市场，无利可图，那这种企业创新就失去了意义。企业创新应该以盈利能力和发展能力为导向。只要是新的东西，技术不一定很先进，但成果可以产业化，有市场，有钱赚，能促进企业各项事业的发展，这就是企业创新。

企业创新要结合实际，从简单做起。创意无大小，创新无高低。巧妙组合，就是最简单、最实用的产品创新。一杯茶水，加上奶粉就是奶茶，奶茶就要比茶有价值。灯泡与离子发生器组合，就成为"离子灯"；灯泡与驱蚊器组合，就成为"驱蚊灯"。这就叫"组合创新"，每一项组合都可以倍增价值，倍增利润。

创新意识和创新思路比创新能力还重要。创新的意义在于结合自己的岗位工作，解决工作中存在的问题，哪怕是一个小小工作思路、工作方法的创新突破，都可能获得巨大的利润和创新成果。比如，人们为了记录声音发明了录音机，为了记录图像发明了照相机和录像机等。这些都是和人们生活息息相关的创新驱动。当感觉天气炎热和寒冷给我们带来不适时，我们发明了空调；当发现食物容易腐败时，我们发明了冰箱。创新源于我们身边的问题，我们生活工作中的每一个问题都蕴藏着巨大的创新机会。

对于企业创新来说，不是领导自己亲自去创新，而是要建立一个创新的机制，鼓励大家去创新。主要内容包括企业制度创新、技术创新（产品创新）、市场创新、组织创新、管理创新。企业家要做的是，寻找创新机会、管理创新过程、建立创新机制、鼓励大胆创新。中国有句古话："枪打出头鸟。"因为，创新意味着出头，如果谁创新、谁出头，枪就把他打了，又有谁还敢创新？所以，企业要建立一种制度和机制，让枪不打出头鸟，要打就打不出头的鸟，要鼓励大胆出头，勇于创新。比如，谁发明的创新成果，就用谁的名字，永远记住他。这就是建立一个创新机制，设立创新成果奖，构建一个以创新为本的企业，有效提高创新能力。

创新能给我们带来新的机会、新的效益，可是往往有时候心有余而力不足。我们的创新能力哪里去了？事实说明，是我们丰富的知识和成熟的经验让我们的创新能力降低了。丰富的知识和成熟的经验让我们自以为是，它扼杀了我们的创新人才、创新动机、创新思路和创新成果。

有一个普遍现象，说明成年人与小朋友的想象力是不一样的。我在课堂上板书了一个圆问大家这是什么？大家反应很慢，好像不认识它。稍后才有人说，这是一个圆，也有说是一个圈，还有说它是"0"，也有说那是英文字母"O"。如果将这个问题拿回家去问小朋友，他们可能说是鸡蛋，是苹果或哈密瓜、西瓜。成年人的思路和小朋友的思路不一样。小朋友每说一个答案好像都是有价值的，可以用、可以吃、可以卖钱。也就是说，小朋友的答案是有价值的，尽管我们成年人的答案都是对的，可是它竟然一分钱不值。

实践表明：我们丰富的知识和成熟的经验，让我们丧失了创新能力。不管什么问题，只要我们用既有的丰富知识和经验去分析，总是会遭到重重困难，让创新的火种被扼杀在摇篮当中，没有机会形成燎原之势。只有小朋友存在幻想，毫无顾虑，一切皆有可能。所以，要提高创新能力，就要用我们丰富的知识和成熟的经验，再加上 6 岁儿童的幻想。

思考题

一、简述设定组织目标的简单思路。

二、何为组织利益共同体？

三、谁让我们丧失了创新能力？

四、简单的创新思路和方法有哪些？

简单管理 实践应用 第4编

SIMPLE MANAGEMENT

簡単
管理

第15章

寻找复杂：内部管理诊断分析

　　寻找复杂，又称"组织诊断"，是指对组织管理活动全过程的综合考核与评估。简单管理组织诊断包括四个方面的内容：其一是寻找身边影响效率的复杂，即因"复杂"造成的过度管理。其二是对比国际管理标准《卓越绩效评价准则》（GB/T 19580–2012）发现组织管理的差距。内容涉及组织、领导、战略、市场、资源、运营、创新、结果等过程，以确定组织管理变革的方向，寻找管理过程影响效率的复杂，发现没有价值的繁忙，获得管理改善的关键（重点）问题和解决问题的途径与方法。其三是影响公司持续发展的关键因素。其四是化繁为简与预防复杂的基本思路。诊断内容包括：诊断概述、诊断分析、诊断问题和诊断建议（见图 15.1）。

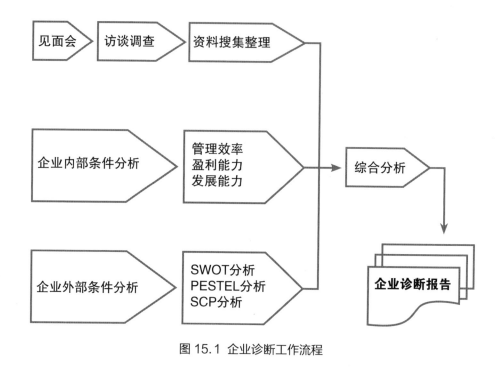

图 15.1 企业诊断工作流程

调查研究：寻找复杂

调查研究就是运用企业内部管理调查问卷和现场访谈的方法，对个案研究对象展开企业内部管理诊断，寻找在管理过程中影响效率的复杂，发现没有价值的繁忙，获得管理改善的关键（重点）问题和解决问题的途径与方法。

调查研究是科学研究中最常用的方法之一。它是有目的、有计划、有系统地搜集有关研究对象现实状况或历史状况材料的方法。调查方法是科学研究中常用的基本研究方法，它综合运用历史法、观察法等方法以及谈话、问卷、个案研究、测验等科学方式，对个案现象进行有计划的、周密的和系统的了解，并对调查搜集到的大量资料进行分析、综合、比较、归纳，从而为人们提供规律性的知识。

调查研究是通过考察了解客观情况直接获取有关材料，并对这些材料进行分析的研究方法。在描述性、解释性和探索性的研究中都可以运用调查研究的方法。它一般通过抽样的基本步骤，多以个体为分析单位，通过问卷、访谈等方法了解调查对象的有关内部经营管理情况，加以分析来开展研究，也可以利用他人收集的调查数据进行分析，即所谓的"二手资料分析"的方法。

调查研究中最常用的是问卷调查法，是以书面提出问题的方式搜集资料的一种研究方法，即调查者就调查项目编制成表格，分发或邮寄给有关人员，填写答案，然后回收整理、统计和研究。

其主要做法分为三个步骤：

诊断问卷。为有效提高公司的管理效率、盈利能力和发展能力，有针对性地"化繁为简，聚焦重点"，引导企业踏向卓越经营之路，需要进行企业内部管理诊断，了解公司的有关情况，悉知管理层的建议和诉求。因此，根据《卓越绩效评价准则》要求和简单管理原理、定律、价值、方法、技巧和工具，设计诊断调查问卷。问卷内容覆盖了企业内部管理运作的全过程，通过问卷调查和访谈数据，进行综合统计分析研究，对比《卓越绩效评价准则》，寻找差距及发现没有价值的繁忙，最终指导实施管理改善，实现提高管理效率、盈利能力和发展能力的目的。

企业诊断调查涵盖了中高层管理者、各部门班组负责人和骨干员工。诊断调查问卷内容涉及企业领导、战略、市场、资源、创新和运营等内部管理全过程，覆盖了所有部门及部门所涉及的运作流程。根据调查诊断获得的部分一手基本资料，并对中高层管理者进行一对一面对面访谈。通过访谈对所获取的资料、信息进行验证，数理统计分析与综合研究分析，以揭示目前存在的管理缺陷与不足，进而提出管理改善的方向与途径。通过调查诊断获得第一手基本资料，为下一步调查研究提供依据。

访谈调查。根据企业内部管理诊断问卷内容，设计企业内部管理诊断访谈提纲，对公司中高层管理者进行一对一面对面的访谈，对所获取的调查问卷诊断资料、管理现状等信息进行验证、数理统计分析与综合研究分析，以揭示公司目前存在的管理缺陷与不足，进而提出管理改善的方向与途径。

诊断分析。通过企业内部管理诊断调查和访谈，寻找复杂，运用专业软件对调查结果进行统计分析和综合判断，揭示公司与《卓越绩效评价准则》要求的差距，获得第一手现场资料。为研究分析和寻找影响效率的复杂与过度管理提供充分的依据，并提出化繁为简，预防复杂，建立卓越简单管理体系应用框架、运行机制和督导模式的基本思路和方法（见图15.2）。

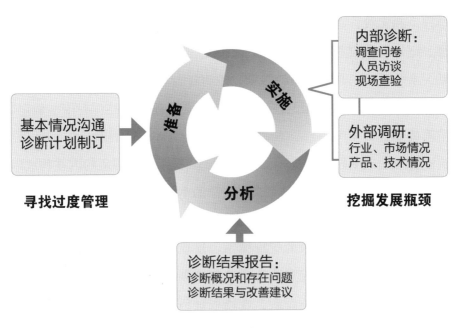

图 15.2 寻找复杂步骤图

想要了解更多，请扫描下方二维码：

寻找复杂：发现身边的过度管理

实证研究：诊断分析

实证研究是科学实践研究的一种特殊形式，主要是依据现有的科学理论和实践，在自然条件下，通过有目的、有步骤的操纵，根据观察、记录、测定与此相伴随的现象的变化来确定条件与现象之间的因果关系的活动。其主要目的在于，说明各种自变量与某一个因变量的关系。实证研究法是认识客观现象，向人们提供实在、有用、确定、精确的知识的研究方法，其重点是研究现象本身"是什么"的问题。实证研究法试图超越或排斥价值判断，只揭示客观现象的内在构成因素及因素的普遍联系，归纳、概括现象的本质及其运行规律。

简单管理应用在于寻找复杂，化繁为简，预防复杂，建立卓越、简单、高效、健康的管理体系。这就需要与公司的管理层、技术专家及骨干员工进行实地的访谈和诊断调查，以获得第一手现场真实材料，通过一对一面谈，现场取证澄清调查表中的某些信息问题，比如公司通过诊断问卷调查和访谈，再现场证实是否存在管理过度的问题。

这种直接与企业内部不同层次的管理人员现场取证的方法，可揭示影响效率的复杂问题的存在，便于有效沟通交流，建立起相互信任的关系，了解他们对本企业诸多问题的看法，共同探讨问题的原因和解决问题、预防问题的方法，听取有益和有效的意见和建议，让管理变得简单而高效。

想要了解更多，请扫描下方二维码：

简单管理企业诊断调查问卷

综合研究：存在问题

通过对组织的领导、战略规划、聚焦顾客、人力资源、持续创新、运营系统、经营结果等经营管理全过程的诊断调查、综合统计分析和归纳总结，可寻找组织与国际管理标准《卓越绩效评价准则》的差距和影响组织持续发展的关键问题。

思考题

简述企业内部管理诊断的基本内容。

第16章

化繁为简：内部管理持续改善

　　根据诊断结果和《卓越绩效评价准则》要求，引入简单管理原理、方法、定律及核心价值理念，以盈利能力和发展能力为导向，合理裁减和优化"过度管理与控制"，裁减影响效率的复杂，抛弃没有价值的繁忙，跳出瞎忙乎的迷宫，聚焦重点，用最优秀的资源做自己最擅长的事情。

裁减过度管理

　　什么是过度管理呢？过度管理是指组织内部管理与控制的范围、程度、幅度、深度、频率、手段和方法超过了一定的限度，以致工作量增加、管理人员增加、经营成本增加、效率下降、盈利能力锐减。过度管理是管理者常犯的一种错误。

　　我们在企业里，时常看到领导万分忙碌的身影。他们或是在审阅文件，或是在为部门负责人安排工作，或是与客户、供应商谈合作的事情等，总之一个字，"忙"。

还有些领导经常忙于会议之中，如经理办公会、产品研讨会、业务专题会，还有晨会、晚会、周会、月会、季会、年会等。他们整天陷入了"会海"中。除此之外，有很多领导还热衷于收集报表。不管这种报表企业是否需要、目的是什么，别人有的他也一定要有。好像如果不让下属开会、要报表、指派工作就不能够体现自己领导的地位似的。其实，有些会议是不需要领导每天来开的，有些工作也不需要领导亲自来做，所有这些现象都属于过度管理范畴。

过度管理比没有管理还可怕。过度管理不但浪费时间、浪费资源、降低效率、侵蚀利润，而且还会造成信任危机，滋生消极因素，破坏企业凝聚力，以致企业人才流失，最后失去发展机会。由于企业领导对管理活动过程不放心，所以严格控制，一竿子插到底，给员工带来的感觉是：领导对我不信任，他不相信我能够做好这项工作。于是，员工在这种环境下工作，不可能用心来做好，因为他会想：反正有领导负责。员工只是把工作当成作业，没有工作责任感，即使做得再好，领导也是不放心。有些不受信任的员工只好选择离开。企业失去凝聚力，优秀人才非但引不进，而且用不上，更是留不住。还有些领导太过自信，不相信部下，还不相信专家，自以为是。这类领导不去做自己应该做的事，不去围绕企业目标制订行动计划，不会授权，最终的结果就是自己忙忙碌碌，而且效率低下。

常见的过度管理现象主要包括如下 5 个方面：

管理组织过度。表现为管理机构过度、管理职能过度、管理岗位过度、管理人员过度、管理变革过度或是组织精简过度。

管理组织机构是企业经营管理活动的载体。水能载舟，亦能覆舟，许多管理者碰到问题时，首先想到的是调整组织机构，往往越调越复杂，变得机构越大，层级越多。企业越大这种现象就越突出。臃肿的组织机构会导致管理成本增加、管理效率下降、扯皮现象增多、反应能力下降。反过来，组织机构精简过度也会导致许多管理职能难以履行。有些企业一谈改革就精简机构，称之为"减肥"，而实际上"健康"才是最重要的。组织机构的设置应有利于实现组织目标，适应市场竞争的需要。关键是岗位职责权限及关系是否清晰，人员配置是否适当。通常，组织机构设计应基于组织目标、业务流程和关键员工现状考虑，该有的机构还是要有，组织和制度的缺陷也会造成管理复杂。

岗位职能过度容易造成职责不清、用权混乱、越位、失控等现象，容易出现串岗、浮岗、欠岗、离岗现象，造成部分工作落实不力。出现问题后，部门之间推卸、扯皮现象增加。

管理变革过度会导致无法建立一个稳定、有序、有效的管理体系，以致人心浮动。另外，工作变动、职责变动会造成人力资本损失；流程和文件变动会造成制度损失；市场运营、客户关系的变动会造成市场损失。

管理活动过度。主要表现为制度过度、流程过度、文案过度、会议过度、计划过度、考核过度等，以致管理工作量增加，管理效率下降。

管理制度，是企业组织制度和企业管理制度的总称，是指组织对内部或外部资源进行分配调整，对组织架构、组织功能、组织目的的明确和界定。不少企业习惯把管理制度健全作为企业管理水平提升的标志，却不知这"健全"的制度造成了过度管理。最终制度是很完善了，但效率变低了，内耗变大了，机会没有了。这些看上去很全面的制度，很完善的管理体系，常常只是摆设，因为这些制度过于复杂、太理论化而无法得到有效的应用。所以**制度不在于"健全"，而在于有效**。流程是指在工业品生产中，从原料到制成品各项工序安排的程序。而国际标准化组织在 ISO 9001 质量管理体系标准中给出的定义是：

流程是一组将输入转化为输出的相互关联或相互作用的活动。流程过度势必效率低下。

过度的文件和会议，简称"文山会海"，形容文件和会议多得泛滥成灾。它耗费了管理者大量的时间和精力。

计划过度是指计划目标太多无所适从，或计划模糊不清，或计划变化太快。计划的浪费是最大的浪费，计划过度的损失不可估量。

考核过度是管理过程中最普遍的现象，如指标过细、内容过多、考核频率过高，使基层为了考核疲于奔命，很难有时间和精力发挥主观能动性，激发岗位活力。尤其是过度考核，让基层管理干部无暇顾及考核体系之外的内容，导致围绕考核指标做表面工作，而那些非考核的关键工作却被归类到不重要或次要任务之列，以致出现"考核成绩优秀，但业绩平平，甚至业绩下降"的怪象。目前，大多数企业都采用 KPI 指标，分四大类近 50 个指标，有些指标根本无法评估，如"忠诚度、事业心"等，过度考核导致消极因素增长。

2017 年 9 月 25 日《人民日报》在《莫让"过度考核"拖垮干部精气神》一文中指出，有些部门的考核指标体系长达 90 多页，51 个一级指标、113 个二级指标，加分扣分标准纷繁复杂……在基层，有些考核量化指标清单多、标准过细，甚至详细得让不少干部感到困惑。由此可见，过度考核无异于劳民伤财，适得其反。

管理成本过度。管理成本过度几乎是每一个企业都存在的普遍现象，它直接削减企业盈利能力。如采购过度、库存过度、物耗过度、成本过度、费用过度、设备过度、投资过度等都会造成企业经营成本过度。这种过度的成本不一定是由于浪费造成的，而是成本控制出了问题。因管理不善造成的成本过度比浪费还要严重得多。

成本控制是企业经营管理的重要一环。然而，成本控制不是一味去"抠"，一味去"砍"。因节约成本费用而影响产品和服务质量，是成本控制的误区。作为管理者，平时在工作中不能盲目地进行成本控制，一定要聚焦重点，把握关键，有计划地进行成本控制，才能使企业在激烈的竞争环境中获得生存和发展。

比如，对采购环节缺乏有效的控制和监督，将会使采购成本居高不下，造成采购过度，以致利润流失，这比在经营环节上的浪费更加惊人。假如一个餐厅每天的肉食原材料用量是 200 斤，如果采购价格每斤抬高 0.5 元，那么每天就要多支付 100 元，一个月就增加成本 3000 元，造成了物耗过度的现象，一年下来就是 3.6 万元。而这 3.6 万元就是纯利润，试问要做多少营业额，才能赚回 3.6 万元的纯利呢？也许营业额至少要 20 万 ~ 30 万元。而这样数额的营业额，足够一个小店经营一个月，也就是说，一个月的经营就这样白白浪费掉了。

企业采购过程是最容易出问题的环节，仓库管理员完全有可能与采购员、质检员、供应商串通一气，报假账、收红包、吃回扣等现象时有发生。而仓库里的物料没有做到先进先出，或因保管不善，导致变质、变味、过期而没有进行正常的处理。领用物品时，审批不严，出现少用多领，不用冒领。因此，要从深层次挖掘采购过度的原因，从管理体系和运行机制上预防采购过度现象。

产品开发过度。产品开发过度现象也是企业较为常见的现象，主要表现为产品设计过度、品种过度、功能过度、质量过度、工艺过度、工序过度和包装过度。

产品设计过度是指，设计出来的产品（系统）比恰到好处要复杂臃肿得多，比如过度的功能、过度的质量、过度的封装，或是一堆轴承、接口和无用的方法，超复杂的配置文件。简言之，客户需求是要一把杀鸡的刀，你却设计了一把宰牛刀。

过度设计还表现为：产品品种过多。有为数不少的企业，长期以来都以"产品规格齐全"作为公司优势来宣传，却不知这种"齐全"成为了公司额外的负担。曾经有一家公司有 630 种规格的产品，而其中 16 种产品给公司带来 86.6% 的利润，也就是有 614 种规格产品一年都下不了几个单，有下单也是很小的，却花费了大量的资源去开发和维护。

过度设计，多半是因为有设计的癖好，喜欢炫耀或玩弄无谓的技巧，或是喜欢把简单的问题复杂化。而为了实现这个设计，往往要付出额外的代价。例如：产品成本上升、出现缺陷的可能性加大、维护成本上升，甚至产品性能下降等。有时，过度设计还带来工艺过度、工时过度和包装过度，造成生产成本和经营费用的飙升。

产品质量过度，将使企业在产品质量方面投入的资金过多，从而忽视了消费者对产品其他方面的需求。

产品功能过度是指，产品的许多功能并非为消费者常用，企业开发这些功能一方面大大增加了开发成本和生产成本，另一方面又造成了产品功能的闲置和浪费，反而得不偿失。过度的产品质量和功能，不一定能够提高销售业绩，反而增加了成本，削减了利润。比如解放鞋的质量应该是最好的，但其销售量却不大。还有某种能够"检测粪便，分析人体健康"的马桶的销量也是有限的。

包装过度，是指某些产品的包装过于豪华，包装成本甚至超过了产品成本，从而给人一种"金玉其外、败絮其中"的感觉，远远超出了包装提升产品形象的合理范畴。用专家的话说就是：包装耗材过多、分量过重、体积过大、成本过高、装潢过于华丽、说辞溢美等。

过度包装广泛存在于商品包装中，是一个不争的事实，其中以保健品、食品及化妆品尤为突出。由实木、金属制成的包装盒，内衬精美的绸缎，有的还"附赠"手表等物品。里三层、外三层，剥开层层叠叠的商品包装，最终的实物却小得可怜或者价值不高。近年来，社会舆论对中秋月饼过度包装的口诛笔伐言犹在耳，而春节的滋补保健品、名酒等又铺天盖地卷土重来，大有愈演愈烈之势。

目前，对商品进行过度包装的现象日趋严重，不少包装已经背离了其应有的功能。《中国青年报》社会调查中心 2012 年所做的一项调查显示，在受访的 4306 人当中，97.5% 的受访者认为当前中国商品过度包装现象严重，其中 76.0% 的人认为非常严重。商家往往盲目采用上好的包装原材料，增加包装成本，有的甚至还在商品中附加几倍甚至几十倍于商品价值的礼品，提升商品价格。

也许，最简单的才是最好的。大巧若拙，大道至简，有时候越简单的反而越难实现，而且越接近真理。也许，这个只能靠个人悟性才能最终体会到简单的精妙设计之美了。熟背各种设计模式、学个一招半式的人，就像一个天天背着一把剑的剑客一样，唯恐旁人不知道其剑术高强；而真正的高手是手中无剑，却照样可以打赢别人，因为万物都可被他用来施以剑法。这才是真正的高境界。

市场营销过度。市场营销过度就是指企业在运作中过度依赖营销手段。如参展、广告、宣传、促销、回扣、降价、赊销等过度现象，而忽视战略管理和系统管理，忽视长期竞争优势地位的建立。

过度市场促销，包括过度广告宣传、过度销售推广两个方面。过度广告宣传是指为了追求企业或产品一夜成名、不顾企业实际情况大打广告，由此而带来的经济收入无法弥补广告支出，从而造成许多产品和企业还没有过把瘾就销声匿迹了。过度销售推广是指企业为了迅速打开市场，不惜采取让利、优惠销售、买一送一等市场推广策略，有的甚至达到了赔本赚吆喝的地步，使得企业最终无法忍受昂贵的促销费用，不受其利、反受其累。

过度价格营销，指为了市场促销不惜大打价格战，产品售价远远低于生产成本或进价，从而造成低价抛售商品的行为。

渠道营销是指以最方便、最快捷、最节省费用的销售渠道，将产品送达消费者手中。而过度渠道营销则表现为，为了追求最方便、最快捷、最节省费用的销售渠道，反而破坏了原有的最佳格局，造成渠道损失和浪费。

赊销是信用销售的俗称。赊销是以信用为基础的销售，卖方与买方签订购货协议后，卖方让买方取走货物，而买方按照协议在规定日期付款或以分期付款形式付清货款的过程。

赊销对于买方来讲，其好处是不言而喻的，但对卖方来讲就显得有些迫不得已。任何一家卖方当然都希望现金交易，即一手交钱，一手交货，既无风险，又可尽快回笼资金。然而，面对竞争日趋激烈的市场，企业又不得不接受对它来说看似苛刻的条件：赊销。尽管如此，赊销对于卖方也存在有利的方面，比如，赊销能够刺激购买力。对于那些资金暂时有困难的买方，赊销无疑具有强大的诱惑力。赊销能够提高卖方的竞争力。一家有能力赊销的企业显然比没有能力赊销的企业具有更强的市场竞争力。赊销能够起到稳定客户的作用。对信誉好、实力强的客户提供赊销作为优惠条件，为保持长期稳定的客户关系提供了保障。赊销可以减少企业的库存，降低库存过度成本。赊销有利必有弊，而且弊大于利，赊销是一项高风险投资。

过度赊销使经营成本上升。赊销必然产生应收账款过大，导致企业为了维持经营、弥补拖欠不得不过度贷款或融资。应收账款的催收会发生通信费用、人工费用、差旅费用、交际费用等，有时小额欠款的金额甚至不足以抵偿上述催款的费用。赊销使企业的经营风险上升，由于信用体系的不健全、赊销管理的不严格，可能会造成坏账。本来开始仅有一笔赊销欠款，为了不影响销售，前款未清又放一批货物，导致赊销欠款总额增加，此后害怕收不回欠款，只好一批批不断放货，如此进入恶性循环，最终导致血本无归。

所以，"过度管理不可取，形式主义害死人"。

我们说的裁减"过度管理"，不是随意的裁减，而是以提高盈利能力和发展能力为导向的化繁为简。企业有很多能力，如执行能力、核心竞争力、创新能力，所有这些能力都是不可以测量的，而盈利能力和发展能力却是企业可以测量的能力，只需将财务报表拿出来统计分析就知道了。盈利能力就是赚钱的能力，任何一项工作都要考虑和盈利能力是否相关，如果不相关，或相关度不大，就要考虑将它裁减，将它优化，这就是合理裁减和优化内部过度的管理和控制。

合理裁减过程管理和优化过程控制，可以从如下 5 个方面去考虑：

解决管理机构过度问题。如果公司在管理组织机构、职能、岗位、人员、变革等方面存在过度现象，以致执行能力下降，就要考虑精简组织机构、简化组织职能、优化计划管理、减少人员编制、限制过度变革。

解决管理活动过度问题。如果公司存在管理制度、流程、文案、会议、计划、考核等过度现象，影响了工作效率和管理效率，就要考虑梳理管理制度、精简文案、减少会议、明确目标、优化考核、合理奖惩、有效激励。

解决管理成本过度问题。如果公司存在采购、库存、物耗、成本、费用、设备、投资等管理成本过度现象，直接降低了企业盈利能力，就要考虑加强采购和库存管理、严格成本控制、节约费用、提高设备利用率、谨慎投资。

解决产品开发过度问题。如果公司存在产品品种、功能、质量、工艺、工序、工时、包装等产品过度开发现象，增加了开发成本及产品维护费用，延缓了交货期，影响了与顾客的关系，就要考虑利用"二八原理"裁减品种数量、优化产品功能和产品质量、加强现场管理、优化工艺、调整工序、减少工时、提高生产效率、确保准时交货。

解决市场营销过度问题。如果公司存在参展、广告、宣传、推广、折扣、赊销和客服等市场营销过度现象，直接影响现金流和盈利能力，就要考虑优化参展计划，收缩广告宣传，限制折扣赊销推广。

优化过程控制

企业面对的是市场，强调的是速度，要做到随时、迅速贴近市场，只有简单的运行机制和相应的组织结构，才能提高市场反应速度和企业的整体竞争力。优秀公司的制度一般都具有简洁的特征，因为简单是竞争力的表现。事情能否简单解决，关键不在于事情的难易，而在于解决问题的人是否能够用最简单的方法。保持高效的最好办法，就是建立简洁的运行机制，用最直接、最简单的方法解决问题，建立简单的工作模式与习惯。

在企业生产经营管理活动过程中，必然会遇到许多新问题、新矛盾，这就需要增强企业应对环境变化的能力。只有持续改善优化过程管理，建立简洁高效的运行机制，才能具有敏锐的反应速度，适应变化，化解新问题、新矛盾，从而有效增强企业盈利能力和可持续发展能力，确保企业永续经营。

建立简洁高效的运行机制。当人类社会进入信息化时代之后，科学技术高速发展，信息传输渠道高度发达，企业内外部经营环境不断变化，企业唯有建立简洁高效的运行机制，才能适应内外部环境的变化。

科学、规范、简洁、高效运行机制的核心内容是：在严格遵守国家相关法律法规、合法经营的前提下，用最简单、最科学的流程，用高效、实用的控制手段，实现对企业经营管理活动过程的有效控制，以实现企业经营预期目标。

坚持运行过程的持续改善。寻找实现简洁运行机制持续改进的最佳切入点，在运行过程中发现体系运行的缺陷和问题，并改善提高。比如，当发现员工常常超负荷作业、某些环节运行不顺畅、运行绩效低下等情况时，敏锐的管理者应该意识到运行体系出现了问题，而问题也许就出在以下几个方面：

» 流程设计（作业流程、控制流程）有问题。

» 关键环节的控制力不够。

» 人员配备不够或者其技能不能满足作业需要。

» 体系相关资源准备不充分。

分析问题所在，有针对性地解决问题是提高运行效率所必需的，也是建立科学、规范、简洁、高效运行机制的最佳切入点。当企业生产经营所涉及的每一个环节都能够得到高效控制时，企业才能保证经营质量，才能获得应有的经营业绩。

充分的授权与有效督导。实现简单运行机制的核心问题是授权。企业应根据自身的需要建立不同的组织机构，设计控制流程，但前提是要对相关机构进行充分的授权。只有充分的授权，才能确保相关机构对所需资源的有效支配，这是保证企业经营活动高效开展的前提。

授权有多种方式，比如：规定相关机构（人员）的职责和权限、下达任命书（委任状）、签订授权协议、通过企业的体系文件规定操作要求、编制相关工作计划等。企业应通过建立必要的流程、审批程序，规定授权范围，完成分级授权。同时还应建立高效的监控流程，确保在规定的要求下运用权力，并实现对授权的有效控制，以防止权力在使用过程中的失控。

当经营形势发生变化，企业经营战略有所调整时，只需根据战略需要，适当调整授权范围或者幅度，就可以满足企业经营需要。

确保体系协调高效运行。 一个组织不论大小都是一个系统，内部每一个环节都是相互关联的，只有让每一个环节都发挥作用，并且高效衔接，才能保证其顺畅高效地运行。要确保体系协调高效运行，必须对组织经营管理所涉及的每一个过程进行有效识别、分类、排序，针对每一个过程都应给予有效控制，让各个过程之间进行合理的衔接，让相关活动和过程形成统一、协调系统。这就要求系统内各过程（活动）所涉及的部门及岗位之间，既要有分工，更要有合作，要围绕企业的经营目标，确保每一个过程发挥应有的作用。其中最关键的是相互配合和分工协作，责任要有主次之分。这是建立简单高效运行体系所必需的，也是提高体系运行效率的关键因素。

澄清目标聚焦重点。 分层次设定岗位绩效目标，是确保体系简单高效运行的关键。比如集团公司、分公司以及企业内部的部门、班组、工作小组等，由于不同层次、不同级别的责任范围不同，决定了目标也存在差异，不可能要求某一个部门或岗位包揽所有的工作，更不能要求每一个岗位都做相同的事情。分工不同，实现目标的责任也不同。必须针对关键环节和关键点，建立严格的控制程序，而对于那些次要的环节，就不能给予太多的关注，否则就可能削弱对重点的控制。所以，要澄清目标，聚焦重点，将优势资源投放到关键目标和实现目标的重要位置上，才能让系统高效地运行。

信息共享有效沟通。在简单管理体系的建设中，对信息流、物资流、资金流的高效利用是关键，特别是信息流涉及企业的各个环节，信息流不顺畅或者不快捷，必然影响系统的正常运行。因此，在简单管理体系的设计过程中，必须保证信息的采集、存储、整理加工、交流、利用等各个流程的顺畅、快捷和准确，以便于有效沟通。应注意信息处理过程的轻重缓急，注意时间、空间、过程等要素。总的原则是：在确保信息处理各环节顺畅的前提下，用最简单的流程、最高效的操作方法，实现信息的采集、存储、整理加工、交流、利用等的高效运转。

精简组织机构

简化组织机构的内容。简化组织机构是指通过管理人员的合理配置，减少管理人员的数量，进而降低管理费用。许多管理不规范的企业，存在着人浮于事，因人设职现象；存在着职务重叠，相互交叉、扯皮、责权不明的现象。这一方面浪费了企业资金，另一方面产生巨大的企业内耗，工作效率低下。

精简机构就是在完成组织任务目标的前提下，组织机构越少越好，组织人员越少越好。所谓"精简高效的组织"，就是能够保证实现组织任务目标的、最简单的组织机构。

简化组织机构的内容包括：

　　减少管理层次。可设可不设的中间管理层一律不设。能直接管理的采取直接管理。

　　控制管理幅度。根据部门的特点，确定人数。管理的人数太多会造成资源浪费，太少会精力分散、效率下降。

　　减少管理人员。实现管理人员定编，各司其职，杜绝滥竽充数现象的发生。可以不设的助理、副职一律不设；可以合并的工序、班组坚决合并。

　　简化组织的原则。企业应该做到即使规模大，也保持组织形式的简单化。只有这样，才能提升组织运作效率。通用电气公司一个 8000 人的发动机总厂里，只有厂长和职工两个阶层，而没有任何中间管理层。在一般工厂常见的车间、工段、班组、工会、人事、财务、计划、技术、材料、供应等部门，在这里全部被取消。在生产过程中所必需的管理职务，如计划员、车间管理者、班组长、财务管理、供应管理等工作都由员工轮流担任。而一些临时性的工作，如招收新员工，就由各个岗位抽调老员工临时组成人事部，完成后即解散。这样做至少有两个好处：一是大大精简了工厂的机构，二是使生产过程中所有员工都是平等的。

　　"零管理层"是由 20 世纪 80 年代推行的"无边界行动"变化而来。"无边界行动"是无边界管理的一次实践论证，就是在公司内部，打破专业、部门各负其责的工作模式，以事件来贯穿各部门的工作。比如，计划部门接到一张订单，那么有关这张订单的所有工作，如接待客户、参观、培训、向工厂下达产品任务、监督制造、运输、装配、调试、监试、检修、维护等都由这个部门一竿子插到底。这既减少了部门之间的相互推诿，也缩减了机构人员。通用电气公司推行这一理念后，其管理层级就由原来的 24 ~ 26 层，减到了 5 ~ 6 层。

下面是简化组织形式的几个具体原则：

　　　　力求维持最少部门。组织架构要精简，部门必须力求最少，但这是以有效地实现组织目标为前提的。建立机构的目的不是供人欣赏，也不是控制，而是为了有效地实现目标。

　　　　组织机构应有弹性。划分部门应该随着业务的需要而增减。在一定的时期，划分的部门不一定永久存在，其增设和撤销应根据业务工作而定。同时，可设立临时部门或工作组来解决临时出现的问题。

　　　　确保目标的实现。为确保目标的实现，必要的职能均应具备。在企业中，其主要职能是生产、销售等。

　　　　各部门职务的指派应达到平衡。要避免出现各个部门忙闲不均、工作量分摊不一致的现象。

　　　　检查职务与业务部门分设。考核和检查业务部门的人员，不应隶属于受其检查评价的部门，这样就可以避免检查人员的"偏心"，真正发挥检查职务的作用。

形成自然秩序

　　简单管理与自然秩序。自然秩序是所有人必须遵守的，是坚定不移的，不可破坏的，而且一般说来是最优良的规律。一个国家只有按照自然秩序发展，才会富强。否则，就将进入病态。

老子曾经反复讨论"道法自然"管理的精义，明确提出了管理的
最高境界是"无为而治"。汉朝鼎盛时期的文景之治，遵从的就是这一
策略。"治大国若烹小鲜"，在老子的心里，始终有一个自然秩序。而
建立简单的机制，形成自然秩序，正是简单管理的核心。

"治大国若烹小鲜"是老子思想的精髓之一。西汉河上公注："烹
小鱼，不去肠，不去鳞，不敢挠，恐其糜也。"大致意思是，治理大
国犹如煎小鱼那样。如果翻来覆去，极易碎烂；你不多动它、不折腾
它，它才能熟而保持完整。哲人之间所见略同。公元前老子"无为而
治"的政治哲学，与 2000 多年后的政治学家、经济学家哈耶克尊重
"自然秩序"的思想，颇有灵犀相通之处。人们甚至认为，西方自由
主义经济学"自然秩序"的思想源自老子，老子思想孕育了现代经济
学精神。

简单管理就是通过某种机制、某种自然秩序，使每个人明确自己
的定位，并且明确自己干得好有什么奖励、干得不好有什么惩罚。这
就要求不管是高级管理者还是普通员工，都知道自己什么时候该做什
么。顺应事物的自然规律，去除由于人的过多干预而导致的对自然规
律的扭曲，还原事物的本来面貌。在对事物的认识上，能使管理者具
有高度的洞察力，不被表面现象所蒙蔽，准确掌握事物的本质；在解
决问题上，能抓住关键问题，突出重点，提高解决问题的效率，使管
理更具执行力。

建立自然秩序的内容。在企业中，建立简单管理的机制，形成一
种自然秩序，可以通过两种途径达成：一是建立责任体系和清晰的奖
惩机制。二是改造流程。复杂是因为流程太长，要重新梳理。流程是

企业管理机制的基础。简单管理要求我们要建立面向顾客的流程。改造流程包括业务和盈利模式、组织流程、生产流程、销售流程等。

构建执行文化

执行文化的基本特征

执行文化即基于执行力的企业文化，是一种把企业战略目标变成现实结果的文化，是企业文化的核心。执行文化有四个基本特征：

以结果为导向。心往一处想，劲往一处使，将企业战略目标的最终实现作为所有成员的目标和方向。

以责任为载体。千斤重担众人挑，人人头上有指标，要将战略绩效目标分解到每一个岗位、每一个员工。

以检查为手段。没人愿意做你希望的，只会做你检查的，过程节点管控是最终达成目标的保障。

以奖惩为动力。即时奖惩不过夜，好报才会有好人，让员工始终保持激情充沛的工作状态。

执行文化关键在领导

执行文化氛围的营造，可使全体员工目标一致，有效提高执行意识。决策者特别是领导应该对执行力培养进行积极的倡导和参与，在制定年度工作目标时，应以执行者的心态，认真考虑组织内外部的环境，结合自身的资源，制订切实可行的发展战略和创新规划。管理层每个成员要以自身的有效执行来督促、影响并带动每个员工遵章守纪。

营造执行文化的关键在于领导，应该把执行力的培养看成是一个动态渐进的过程，对执行中遇到的问题不断加以调整，以提高执行的有效性。要加强沟通，实现员工之间、员工与领导成员和中层干部之间的横纵向沟通，形成良好的执行信息反馈通道。这不仅有利于及时发现执行中存在的问题，以便适时调整流程或补充完善制度，更重要的是使得领导成员能深入一线指导每个员工有效执行。此外，要努力提升员工的工作意愿。这从根本上讲就是要提高员工对组织的满意度。员工满意度可以从文化氛围、成长空间、收入水平、福利环境、法律环境等几个方面去测评。这就要求努力提供具有竞争力的薪酬体系和激励机制、良好的职业发展通道和以人为本的文化氛围。

对于员工而言，执行文化强调的是实践，而非思考；注重人的潜力发挥，而非现有水平；强调坦诚对话，而非闭门造车。

文化核心是运营机制

通过运营机制的持续，可以改变员工的信念和行为，进而直接影响企业绩效。运营体系的建立必须是公司级的，必须打破部门、流程、等级界限。部门间信息的共享，使每个员工对公司都有正确的、全局的认识；部门之间得以实现真正的顺畅协作；企业追求的信念、行为、对话模式在整个组织内持之以恒地贯彻。

一个企业能不能长久地进行简单管理，关键的一点就是要有一种执行的文化。文化有多深，简单管理就能走多远。简单管理的精髓是效率，效率以结果为导向。不管是白猫黑猫，只要抓到耗子就是好猫。

简单管理的本质是文化管理。简单管理需要厚实的文化底蕴支撑，从简单管理的背景来看，很多企业还缺乏真正的企业文化系统，更不用说与简单管理相适应的执行文化系统了。建设企业文化就是锻造企业的灵魂，改造员工的思想，并一代代传承下去。这不是一年、两年可以完成的。旧有的惯性思维与行为将是简单思维最大的障碍。文化有多深，简单管理就能走多远。如果想让简单管理深入人心，就必须要围绕简单管理的思想，重构企业文化，营造企业机制，让责任感与效率原则成为企业基业长青的精髓。

简单管理是对科学管理观念种种"过度管理"现象的辩证否定，在本质上是文化管理，是文化管理的一种具象实现方式。其核心就是要形成一种自然秩序的企业文化。老子曾经反复讨论"道法自然"的管理精义，明确提出了管理的最高境界："稀言自然""无为而治"。任何一个群体或者组织，总要围绕核心做一件事，由此决定了在各个环节上应该什么时候做什么和做到什么程度，这些用不着管理者指东道西。也就是说，当组织中的每个岗位、每个环节、每个人都知道什么时候该做什么时，企业的自然秩序就形成了。企业逐渐形成运作的规范，这种规范演变成每个人的思维方式，就像呼吸一样自然。像山姆·沃尔顿那样，围绕着为客户节约每一个铜板这个商业的根本，而形成一种简单秩序，这种管理就比较简单。

建立执行文化的要素

科学的程序是实现简单高效的保障。关于这一点，可以分为以下几方面的内容：

目标一定要清晰，可量化、可考核、可检查，不能模棱两可，并且应在组织内建立一种执行文化。在建立执行文化的过程中，领导层的示范作用非常大。要让全体员工心悦诚服地多用心，将工作执行得更好，最重要的就是要将组织的奖罚制度和执行力联结起来。从某种意义上说，领导者的行为将决定其他人的行为，从而最终演变成为该组织执行文化中的一个重要组成部分。

要有明确的时间表。领导讨论决定了的事情，一定要知道什么时候开始做，一定要雷厉风行不折不扣地去做。更重要的是，中层干部和员工一定要知道什么时候结束。对于很多工作，很多人都是只知道什么时候开始，但不知道什么时候结束。没有结束的时间，永远有完不成的任务。

很多事情要分轻重缓急。用80%的时间解决重要的事情，20%的时间处理琐事。先做很重要、很紧急的事，再做很重要、不紧急的事，接着做不重要、很紧急的事，尽量不做不重要、不紧急的事。

指令一定要明确简明。指令是否明确也是很重要的。有歧义或想当然地认为员工已理解，后果是很严重的。因此，下指令时要确认，员工是否真正理解了。员工也要确认领导是不是这个意思，得到确认之后再去执行，会减少很多偏差。在执行的过程中，多问一句话和少说一句话的效果往往大不一样，执行中要注重一些细节的落实与跟踪。

　　领导成员要注重培养并具备领悟能力、计划能力、指挥能力、协调能力、授权能力、判断能力和创新创造能力等。同时要员工做出承诺，比如："第一目标清楚吗？能不能完成？授权够不够？其他还有没有问题？"既要看具不具备相应的资源条件，又要看其能力怎么样，包括现实能力与潜在能力。授之以权，让其担负责任。

　　要跟进。定了制度后并不是万事大吉，只靠员工自我约束，自我管理是不够的。管理的问题不能形而上学，不能唯制度论，还是要关注过程。必要的时候要去督促，去指导，对可能发生的事情进行预测和判断。跟进与过程控制对领导来说，也是一项重要的工作。

　　要有反馈机制，这样才能形成管理工作闭环，强调正强化和负强化。整个组织内部各层级之间会形成一个高效运转的系统，它们之间是环环相扣的链条关系，而从链子断的地方就会很快得到反馈点的信息，比如，其中哪个环节出现了问题，哪个环节执行力不到位，是领导、中层干部还是员工的执行力出现了问题等，就会一目了然。

　　培育高效执行团队。执行终究靠的是人，执行团队如何吸引执行力强的人？那就是放手让这些执行力强的人去干，不仅给他们宽阔的舞台，还要把这些人搭配在一起，并使他们能够有一定的权限。责权结合，能够让他们清晰地认识到个人的未来。要让他们有更大的发展空间，不断授予他们新的决策的权力。

　　不同能力的人执行力是不同的，在一个团队中，整个团队的执行力的强弱常常取决于领导成员和中层干部的执行力强弱。如果领导成员和中层干部的执行力强，那么团队中的每个人甚至整个队伍的执行力就会增强。而在现实生活中，当问题悬而未决，最后不了了之，就说明中层干部的执行力受阻了，以至于团队的执行力减弱。而团队的执行力强不强不仅在于团队成员自身的修炼，更在于领导成员和中层干部对整个团队执行力的培育。所以，管理者要建立一个执行力培育体系，提升团队和组织的执行力，授予团队成员执行落地的科学方法，使之提高执行力。

提升执行力的知与行。制定科学合理的综合管理目标。在制定年度战略、发展目标时，应考虑外部环境和自身的资源状况等，使其具有科学性和可操作性。外部环境包括两部分：一是整体的宏观经济环境、经济发展周期以及国民经济的发展情况。二是要考虑自身的条件、上级的政策等诸多方面，只有在充分考虑内外部环境的基础上制定出的年度战略、发展目标才具有科学性。战略和目标确定后，要层层分解落实，使每一个成员都了解组织的总目标和自己的工作目标。

适时推行业务流程和管理模式再造。标准化是现代规范管理的重要特征，基层应对现有业务流程和管理流程进行梳理归类，力求标准化和科学化。推行业务流程和管理体系再造是对行业整体业务的根本性再思考和彻底性再设计，是对管理操作系统的优化整合。在流程再造的基础上进行管理体系再造是业务流程再造取得实效的重要保证，两者是相辅相成的。业务流程化和管理标准化是提升执行力的重要手段。通过业务流程再造，建立一套协调、简单、透明、高效的业务流程。剔除繁琐的相互矛盾的业务流程，使其协调化，可以减小组织执行的阻力；通过管理标准化可以将组织人力资源、年度工作战略、业务发展三个流程有机整合在一起，提高创新和应变能力，实现规范化管理，提升整体执行力。

建立有效的激励约束机制。年度战略目标的制定、组织运营的有效性以及流程的协调性是组织提高执行力的前提，要在此基础上实施必要的监督和激励制度，促使组织内各部门主动增强执行力。约束机制应强调监督制度化，并改善和丰富监督的手段和方式，对执行力低下的机构和部门实施相应的约束。为提高监督的实际效果，必须要辅以必要的激励机制，使各部门朝着组织决策层所设计的共同愿望和目标努力，奖优罚劣，充分调动全组织上下的工作积极性、主动性和创造性。

有计划地开展执行力培训。提高执行力的人力资源建设，针对决策层、中层干部和基层员工有对应的要求。组织决策者应着重于角色定位的观念变革；中层和基层应注意的是能力培养，从而保证组织的决策能够得到执行。要加强组织团队建设，努力提高团队的协调性。按程序和制度开展工作，明确各级的责任权利，发挥团队的整体优势，营造有效的组织执行力文化。员工素质的高低直接影响执行力的高低。我们应该从管理到业务，从工作技能到工作心态，从沟通技能到人际交往艺术等方面对员工进行全面彻底的培训，切实提高执行效果。

推行执行文化的原则

原则一：组织已经决定的事情，任何人都不得以任何理由提出

异议。成功的运作永远都是团队的运作，不是个人的运作，对组织作出的任何决策，成员都必须支持。其实对于决策而言，实际操作永远比理论更重要。只有具有统一的目标，决策才能执行。任何一个决策都具有优势和劣势，所以其选择本身就存在变数，执行是为该决策负责，因此剩下的就不是讨论该不该做的问题，而是如何做好的问题。

原则二：**组织有明确规定的，必须坚决执行**。任何组织都存在大量的管理规定，但在实际工作中，真正实际操作的并不多。有些人总是以这样或那样的理由不遵守规章制度，这是执行力比较弱的最关键的原因。规章制度是组织的"内部宪法"，必须遵守，否则就应该付出代价。组织的某种行为或规定可能存在这样或那样的问题，但这些都不能作为不执行的借口。所以正确的做法是：做事情之前，先看是否有相应的规章制度。如果有，就没有任何借口，严格按照制度执行。如果对制度不满意，可以用另外的途径反映，但是必须要先做事情。

原则三：**组织没有明确规定的，必须坚持先做事情后汇报**。如果组织没有相应的规定，大家应先解决问题，与此同时，将相关情况向上反映，由相关部门对类似的问题进行分析。如果此类问题以后还可能出现，就组织相关人员将有关此问题的事项进行制度化；如果是一次性的，则可以按特例处理。

原则四：**组织执行力必须坚持以结果为导向**。执行力是一种过程。但是对于执行文化来说，是相信功劳而不相信苦劳的。因此，执行力是以结果为导向的，应根据结果的不同进行相应的奖励或处罚。执行人对任务的过程负有全责，同样也对任务的结果负有全责，这就是能

级绩效管理的考评原则之一：干了多少事姑且不论，关键是干成干好
了多少事。

思考题

一、寻找自己身边的过度管理。

二、如何优化过程控制？

三、如何建立简单高效的执行文化？

第17章

预防复杂：简单管理体系应用

　　凡事预则立，不预则废。**简单管理的精髓要点就是"做到并保持一次就做好"，即变"发现问题、解决问题"为"预防问题"，就是提前解决预见性问题。**把可以预见的工作难点提前把握住、研究好，就可以扫清执行中的障碍，避免工作复杂化，让管理的过程思路清晰，超前谋划资源的配置与优化。"一次就做好"导出了预防管理的思想，也就是减少人为制造的复杂。这是对传统管理学的一个突破。

　　这就需要以国际管理标准《卓越绩效评价准则》为依据，运用简单管理原理、方法、定律及核心价值理念，结合组织诊断结果和化繁为简的基本思路，设计卓越简单管理体系应用框架、运行机制和督导模式，为实现并保持"一次就做好"，减少或避免人为制造的"复杂"，建立一个卓越、简单、高效、健康的卓越简单管理模式，引导企业走向卓越经营之路。

简单管理体系设计

导入简单管理的好处

简单管理着重解决管理效率、盈利能力和持续发展问题，支持企业"减负增效，倍增利润"。导入简单管理体系，具有如下几个方面的好处：

» 简单管理以国际管理标准《卓越绩效评价准则》为依据，用简单的思路、方法、技巧和工具，建立一个卓越、简单、高效、健康的运行机制，项目内容涉及企业经营管理全过程，助力企业提升销售业绩，提高盈利能力和发展能力。

» 梳理和优化企业现有管理机制，包括公司战略、管理组织、岗位职能、制度流程、绩效考核、企业文化、激励机制、创新体系、资本运作、上市孵化、项目策划、互联网＋等，给企业现有管理体系注入新的元素与养分，激活企业生机，引导企业走向卓越经营之路，迈上新的台阶。

» 解决长期困扰企业持续发展的瓶颈问题，如销售业绩增长缓慢、经营成本费用居高不下、员工工作积极性不高、部门与岗位配合效率低下、资金短缺、人才流失、执行力下降等企业"症状"。有针对性地结合企业实际情况，提出并设计、辅导实施可操作能落地的解决方案。为企业建立可持续、稳定、健康发展的保障机制打下坚实的基础。

» 有效提升企业持续创新能力、产品开发能力、市场拓展能力、项目融资能力、IPO 通过能力、企业盈利能力和持续发展能力，打造非凡业绩，开启企业腾飞之旅。

管理体系总要求

为实现公司愿景，公司应对所有影响绩效活动的关键过程进行连续的、简单高效的管理体系设计，并按公司实际情况和选定的卓越绩效模式分别制定相应的管理控制要点。具体内容如下：

» 根据《卓越绩效评价准则》要求将管理体系文件化，并用简单的方法加以实施和保持，并持续改进其有效性。

» 公司应明确管理活动所需的价值创造过程和相应的支持过程，并规定其控制要点，同时明确其顺序和相互作用。

» 公司应组成合理的组织机构，明确其职责和相互关系，进一步明确各部门的职责和相互关系。

» 总经理任命管理者代表，授权其管理体系的审核，负责过程改进、指导和评审，确保公司管理体系的建立、维持和有效运行。

» 当对管理体系进行改变时，应保持管理体系的完整性，包括在文件系统方面与公司原有的管理体系文件保持协调性，同时在制定前应进行调查和规划，确保可操作性。

» 公司应明确信息交流的要求，以获得必要的资源和信息，支持既定流程的有效运作和改进，并对这些流程进行必要而充分的监督、测量和分析。

管理体系框架

建立卓越绩效模式，旨在通过简单的过程管理，创造卓越的经营结果，通过实施系列标准，确定企业管理的方法，并定期评价、改进、创新和分享，从而不断提高管理水平，增强盈利能力和发展能力，提高组织环境和职业健康安全等方面的绩效。如下所示（见图 17.1）：

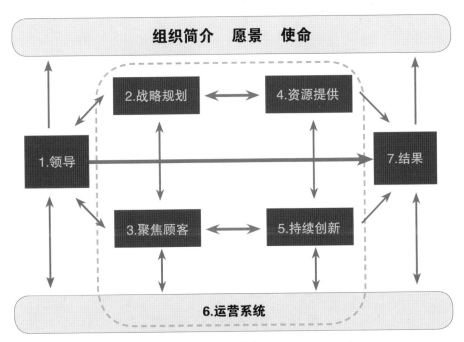

图 17.1　简单管理体系框架图

管理体系文件

公司建立管理体系文件，包括：

» 管理体系手册

» 满足要求的程序文件

» 必要的作业指导书

» 规范的记录表格

公司管理体系与文件的关系如下所示（见图 17.2）：

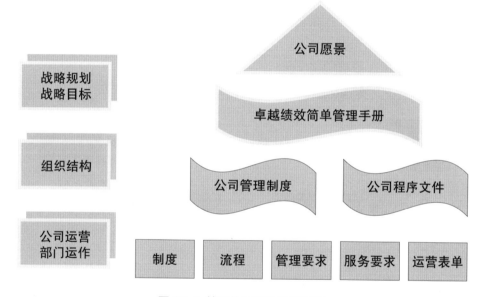

图 17.2 管理体系与文件关系图

简单管理实施流程

简单管理体系应用对于改善企业管理效率、盈利能力和发展能力，提高企业核心竞争力的作用是显而易见的。但许多企业在真正运用简单管理体系的过程中，并不是一帆风顺的或者很快就能达到理想目标的，有些企业投入了不少的人力物力，却并未带来预期的管理效果。

那么成功运用简单管理体系到底需要做什么？在企业运用简单管理体系，对于企业来讲就是一次企业管理变革。美国著名的领导力专家约翰·科特在其著作《变革之心》中讲到：组织管理变革需要创造危机意识，组织强有力的变革团队，建构远景，授权员工为远景而努力，创造近期战果，奖励有功人员，巩固战果并再接再厉，让新的管理行为模式深植于企业文化之中。当然，简单管理体系要能够真正使得企业实现质的飞跃，还需要循序渐进，加强培训辅导和考核激励。

具体操作流程如下所示（见图 17.3）：

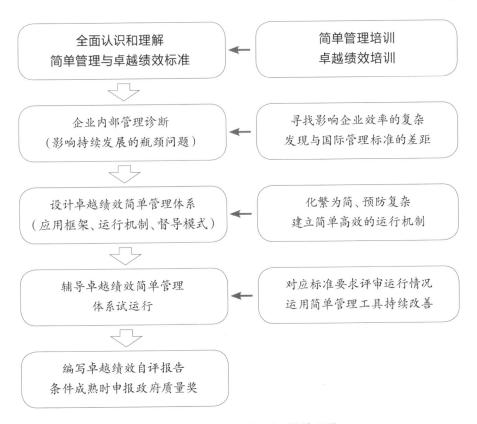

图 17.3 实施简单管理体系的流程图

简单管理体系应用

明确组织目标

简单来自清楚的目标。从来没有人是在无意中变得伟大，成功是刻意安排的结果，这就是目标设定。目标是一盏明灯，照亮了属于你的生命；目标是一个路牌，在迷路时为你指明方向；目标直接影响你的进步、成长和改变，让你在理想和成功之间搭起一座桥梁；目标是一方罗盘，给你指引人生的航向；目标是一支火把，它能燃烧每个人的潜能，让你充满灵感、启示，激发你的创造力、想象力和预见力。目标是你追求的梦想，目标是你成功的希望。失去了目标，你便失去了方向。目标是目的或宗旨的具体化，是一个组织奋力争取达到期望中的未来状况。具体地讲，目标是组织根据宗旨而提出的在一定时期内要达到的预期成果。

为了减少或避免产生新的复杂，实现预期的目标，需要满足某些前提条件。其中一个条件就是有明确的目标。如果没有明确的目标，其他努力都是徒劳的。社会上有很多项目、计划和行动由于没有满足这个条件而失败。目标是一切行动的开端，开端要有议题，议题不明，成功就不会到来。另外一个条件是要专注于目标。经常变换目标和方向，在前进的道路上肯定会迷失方向。走弯路会徒劳无功或者只能听天由命，因此在行动时要明确目标，坚定不移。

成功人士最明显的特征就是，在做事之前就清楚地知道自己要达到一个什么样的目的，并清楚为了达到这样的目的，哪些事是必须做的，哪些事往往看起来必不可少，其实是无足轻重的。他们总是在一开始时就心怀最终目标，因而总能事半功倍，卓越而高效。

简单来自清楚的目标与方向，你知道自己该做哪些事，不该做哪些事。很多人的工作变得复杂而没有效率的最主要原因就是，搞不清楚目标。因为不清楚目标，所以总是浪费时间重复做同样的事情或是不必要的事情。所以在工作中，你必须搞清楚工作的目标与要求，避免重复作业、减少犯错的机会。

作为一名企业管理者，要时刻注意的是：不仅自己要时刻牢记企业的目标，而且还要想办法让员工也能够了解企业的目标，同时督促他们制定自己岗位的目标。只要员工明白自己想做什么、该做什么，就能充分发挥能力，从而带动企业的发展。这就是我们通常所说的"企业共同的愿景"。

对于大部分成长中的企业来说，最需要的是愿景引领：把企业存在的价值、目标以及如何存在这三大哲学命题进行详细而富有野心的思考，把到底应该带领企业走向哪里的基本问题画个蓝图。只要勾勒出基本的原则，搭建一定的框架，余下的问题都应该在流程中解决。否则，就会陷入混乱和犹豫不决中。

如果有人问你"今年及未来五年有什么明确的目标"时，你会怎么回答？假设你的回答是："我没有想过，我不清楚。"那么你未来的发展，就陷入了泥沼，工作上也陷入迷惘。

企业在持续发展过程中有时感觉到迷茫，实际上是因为缺少目标，当有积极、明确的奋斗目标时，你将不再迷茫。正如高尔基强调目标的重要性一样："一个人追求的目标越高，他的才力就发展得越快，对社会就越有益。"

大多数人对于未来都抱着顺其自然的态度，很少有人会认真地思索，总认为"命里有时终须有，命里无时莫强求"。其实这种表面上看似乐观的想法，换一个角度来看则完全是一种消极的人生态度。想要坚定地走在人生旅途上，摒弃那些障碍，你必须要有目标。

制定目标的基本原则。 制定目标，需要遵循的 5 个原则（目标设立的 SMART 原则）：

目标必须是具体的（Specific）。 目标必须明确、不宜太多，应该具体、可量化、不模糊。例如，"要把学习成绩提高"这个目标就不够具体，因为没有具体的行动方案，因此比较难实现。而设立类似"下周上 6 次自习""每天读英语 1 个小时""期末考试每门课分数要在 80 分以上"等目标就十分具体明确，这比"要把学习成绩提高"具体、有效得多，也更有利于实现。

目标必须是可以衡量的（Measurable）。 目标的可衡量性，也就是对于目标有没有达成，要有一个清晰的界限，来区分什么达成了目标，什么没有达成目标。

既然目标需要达成，那么目标就要"可衡量"。例如，"每月减肥两公斤"的目标就比单纯的"我要减肥"这个目标要好，因为"每月减肥两公斤"的目标可以衡量、可以被检验，知道要做到的程度如何。

目标必须是可以达到的（Attainable）。 即目标必须是"跳一下才够得着的目标"。这含有两层意思：其一，目标不能太高，否则会让人望而却步；其二，目标不能没有挑战性，否则目标就失去了意义，难以给人动力。

目标必须和其他目标具有相关性（Relevant）。 目标需要和其他目标具有相关性，可以被证明和观察，这样才切合实际，才好执行。这跟"二八定律"一节中，我建议设立"决定80% 结果的关键目标"相似。

目标必须具有明确的期限（Time-based）。这一点非常重要，表示你要什么时候达到目标。

做好经营预算

经营预算是让企业资金效益最大化的简单方法，也就是把钱用在有机会的地方，而不是曾经有机会的地方。企业的持续发展是预算出来的。在现在高速发展的社会环境中，新机会不会保留很久，更不会等待你去把握。所以，企业要有全面预算，包括年度经营预算，管理预算，事业预算，发展预算。既实现年度预算效益最大化，也要保证企业持续发展的后劲。预算不是随意的资金摊派，也不是按销售额的百分点来决定，而是要想方设法更好地把资金分配在未来有机会的业务上，而且确保每项工作的投入足够完成这项工作。

经营预算最重要也是最基本的一点，是为企业提供了一个共同努力的方向。预算可以将企业的经营目标分解为一系列具体的经济指标，使生产经营目标进一步具体化，并落实到企业的各个部门。这样，企业的董事会和全体员工就有了共同努力的方向。

经营预算还能帮助企业控制成本。通过对下一年度的经营情况进行预算，定下经营指标并逐层下达至销售、生产及各部门，并据此控制成本，作为绩效考核的依据。

在编制预算之前，企业的董事会通常会召集市场部、销售部、生产部、财务部等相关部门的负责人开会，通过对市场预测、分析，并结合上年度的实际生产销售情况和公司发展需要定出下一年度的经营业绩指标。

在公司经营总目标的基础上定下销售业绩指标，就可以开始编制与之相配套的生产采购预算、资金预算了。企业预算编制的程序是：先编制公司发展目标，再决定销售预算，进而编制生产预算、销售与管理费用预算。根据生产预算编制直接材料预算、直接人工预算和制造费用预算。在此基础上，编制单位生产成本预算。根据销售预算、销售与管理费用、生产成本预算再编制利润预算，最后根据上述预算编制现金预算。各项预算编制完成后汇总到财务部门，经过分析，审查和调整形成总体预算，上报企业最高管理机构审核批准，经批准的全面预算即作为企业的正式预算，可作为经营者年度考核的依据。

过去学管理、做管理工作、考核管理干部，有一个重要指标就是发现问题的能力和解决问题的能力，而简单管理更看重的是"预防问题"的能力。如果预防问题做好了，就不会有发现问题与解决问题的存在，事情就简单多了。如果企业的产品都做好了，质量有保证，就避免了退货的复杂问题。简单管理认为企业管理的工作重点应放在预防问题上，以避免或者减少人为制造的新的复杂。

为了实现并保持"一次能做好"，其主要做法是：事前有计划、过程有督导、结果有考核、一次就做好。事前计划与过程督导很重要，如果没有过程的督导，计划就会落空；结果一定要考核才能看得出来谁做得好谁做得不好。没有结果的考核和考核结果的应用，就不可能有好的结果。

实现并保持"一次能做好"，管理者可以从以下四个方面入手：

明确目标。很多管理者就是因为听"目标"这个词太多了，反而忽略了目标的重要性，更多地关注员工的细枝末节，却忽略了让员工清晰地理解目标。管理者在与员工沟通目标上花的时间越少，员工未来在冤枉路上花的时间就越多。

如果管理者只是让员工低头拉车，却不让员工抬头看路，那么很可能做了半天，都做不到点子上。明确目标，就是让员工真正明白做到什么程度这个事情算是做成了，哪些方面应该做，哪些方面不用做。只有想透了目标，才能防止做无用功。

所以，在明确目标方面，管理者至少要明确三个问题：

> » 这事做到什么程度算是做成了？
> » 哪些方面必须做？
> » 哪些方面不用做？

通过这三个问题，员工基本可以少走冤枉路，不做无用功。

聚焦重点。要想把事情做成，又节省精力和时间，就要聚焦重点，抓住关键问题。这里所说的关键问题，是对这个事情的方向有巨大影响的关键点，即关键时刻。

关键时刻，是指那些对事情的成败有巨大影响的时刻。在关键的时刻，员工所做的事情就会影响整个事件发展的方向。关键时刻，就像是你遇到的岔路口，如果选对了路，就能顺利到达目的地；但是如果选错了路，就可能与目标越来越远。关于这一点，古语说得好："差之毫厘，谬以千里。"

"关键时刻"这个概念对于管理者特别重要，因为如果能管好员工的关键时刻，不但可以帮助你节省大量的时间和精力，而且能够保证员工在工作的过程中不会出现方向性的偏离，大大提高其成功率。

那么，管理者如何帮助员工找到关键时刻？

给大家推荐两种方法：

相似的工作：总结回顾。在工作的过程中，会出现一些相似的工作。对于这种情况，管理者一定要启发员工总结回顾上一次做类似工作的得失，尤其通过总结回顾来重现整个事情的全过程，识别出对于事情起到重大影响的关键时刻，明确让员工找到应对这些关键时刻的方案，才能保证在这次做的过程中不出差错，从而提升成功率。

全新的工作：全盘推演。对于全新的工作，虽然之前没有完全做过，但在做之前，管理者还是要启发员工大致推演一下做好整件事情可能会有几个关键时刻，这样对于提升成功率有巨大的帮助。举个例子，就像如果要从北京到济南，你应该事先大概看一下从北京到济南的高速上有几个可能让你偏离目的地的岔路口，明确自己在这几个岔路口需要走哪条路就能帮你快速到达目的地。

全盘推演可以让员工认识工作的整体性，同时通过推演关键时刻，并制定预案，可以大大提升工作效率。在这些关键时刻，管理者需要让员工做好两件事：第一件事是做好预判，员工要大概推演出这些关键时刻；第二件事是做好准备，员工需要预先协调好资源并作好计划来预防这些关键时刻的出现，没有准备就准备失败。

抓好开头。对于刚刚开始的工作任务来说，关键时刻往往在前期，尤其是一些员工可能遇到困难的时候，就像俗话所说："万事开头难。"因此，开头往往就是关键环节，尤其是员工在刚遇到困难的时候。面对这样的困难，管理者需要教会员工做三件事：

心理准备。告诉员工在开始的时候遇到困难很正常，要用平常心态去应对，坚定信心，不要被开头的困难给吓倒。

坚持到底。在开头遇到困难的时刻往往就是关键时刻。如果在开头就放弃了，那么整件事就已经向失败的方向发展了。这就像滚雪球一样，失败的雪球会越滚越大，成功的几率就很渺茫了。因此，不管怎样，员工都要坚持到底，想尽一切办法来克服困难，把雪球推到成功的雪道上。

善用资源。告诉员工他并不是孤军奋战，你和团队都是他的后援团。员工要学会找到各种资源来克服难关，因为这些资源在关键时刻所起到的作用，往往比平时的效果大多了，正所谓"好钢用到刀刃上"。

形成惯性。作为管理者，一定要清楚一点：做事情，形成正向惯性很重要。关于这一点，我还是拿滚雪球来说明：如果你让雪球滚在成功的雪道上，你需要用的力气其实很少，你需要做的只是给雪球一些动力，让它能够滚起来，再注意不要让它偏离雪道即可。因此，你一定要让员工也明白这个道理。在员工克服了开头那些困难的关键时刻之后，他还需要继续努力，让整件事像雪球一样滚在正确的雪道上，形成惯性，这样就离成功不远了。

中国有句老话叫"趁热打铁"，其实说的是同样的道理。举个例子，你的一个团队成员正在公司内部推动一些新举措，已做出了初步的成绩。这就说明该员工的雪球已经开始滚在正确的雪道上了。这时，你一定要告诉他，他需要给雪球一些惯性，让它继续向前滚。因此，一定要利用这些阶段性成果来给公司的各个部门鼓劲，给他们信心，同时你还可以帮助员工利用阶段性成果给管理层信心，并向管理层申请更多的资源，保证员工推动新举措有更大的惯性，保持它处于正向的惯性雪道上。

作为管理者，现在请回头想想，在员工做成的那些事情中，你是不是在以上这四个方面都做对了？而在员工没做成的事情里，你在以上这四个方面哪些方面做错了或者没有做？

想要了解更多，请扫描下方二维码：

预防复杂基本要点（学习体验）

思考题

简述简单管理应用体系内容。

参考文献

［1］　西格尔. 简单: 打破复杂, 创造绝对优势[M]. 高子梅, 译. 台北: 联经出版事业股份有限公司, 2013.

［2］　斯坦普. 管理其实很简单[M]. 派力, 译. 北京: 企业管理出版社, 2001.

［3］　丁兴良. 不懂带团队你就自己累[M]. 上海: 立信会计出版社, 2014.

［4］　山本宪明. 千万不要把企业做得太大[M]. 代芳芳, 译. 北京: 台海出版社, 2014.

［5］　王宇. 有一种失败叫瞎忙[M]. 北京: 中国铁道出版社, 2009.

［6］　布里奇, 路易斯. 解决问题最简单的方法[M]. 秦彦杰, 译. 北京: 新世界出版社, 2014.

［7］　李昊. 管理越简单越好[M]. 北京: 京华出版社, 2005.

［8］　李践. 管理越简单越有效[M]. 北京: 机械工业出版社, 2010.

［9］　李宜航. 让销售变简单[M]. 广州: 广东经济出版社, 2011.

［10］　东方慧子. 简单就是美[M]. 北京: 中国盲文出版社, 2002.

［11］　刘仁辉. 管理赢在简单[M]. 北京: 中央编译出版社, 2005.

［12］　刘恒亮. 构建企业文化就这么简单[M]. 北京: 中国华侨出版社, 2006.

［13］　明茨伯格. 管理至简[M]. 冯云霞, 范锐, 译. 北京: 机械工业出版社, 2014.

［14］　沧浪, 海洋. 复杂世界的简单规律[M]. 北京: 中国商业出版社, 2004.

［15］　孙健, 赵涛 . 按流程执行[M]. 上海: 立信会计出版社, 2014.

［16］　许孙鑫. 管理越简单越有效[M]. 北京: 北京工业大学出版社, 2013.

［17］　宋新宇. 让经营回归简单[M]. 北京: 电子工业出版社, 2013.

［18］　西武. 简单管理行动手册[M]. 北京: 海潮出版社, 2005.

［19］　余惕君. 大道至简: 管理其实很简单[M]. 上海: 格致出版社, 2008.

［20］　张笑颜. 有一种失败叫瞎忙[M]. 北京: 北京时代华文书局, 2015.

［21］　张其金. 这样的管理最简单[M]. 天津: 天津科学技术出版社, 2010.

［22］　西格尔. 疯狂的简洁[M]. 王岑卉, 译. 北京: 北京联合出版公司, 2013.

［23］　冯成略. 红色管理[M]. 北京: 中共党史出版社, 2006.

［24］　陈扬菊. 一次做对[M]. 北京: 中国青年出版社, 2004.

［25］　杨登国, 白学东. 简单定律[M]. 深圳: 海天出版社, 2006.

［26］　杨威威. 超级高效工作术[M]. 成都: 四川人民出版社, 2014.

［27］　布兰德斯. 简单管理[M]. 张华南, 译. 北京: 东方出版社, 2006.

[28] 高桂桢. 管得越少成效越好[M]. 北京: 中国纺织出版社, 2013.

[29] 高乾源. 简易管理[M]. 北京: 东方出版社, 2006.

[30] 郑彬. 一看就懂的微信营销[M]. 北京: 北京理工大学出版社, 2014.

[31] 特劳特, 里夫金. 简单的力量[M]. 谢伟山, 苑爱冬, 译. 北京: 机械工业出版社, 2013.

[32] 德鲁克. 卓有成效的管理者[M]. 齐若兰, 译. 北京: 机械工业出版社, 2009.

[33] 德鲁克. 创新与企业家精神[M]. 蔡文燕, 译. 北京: 机械工业出版社, 2009.

[34] 赵勇. 直销沟通很简单[M]. 北京: 北京工业大学出版社, 2013.

[35] 坦普勒. 管理法则[M]. 邓增永, 王俊杰, 周金泉, 译. 北京: 经济管理出版社, 2007.

[36] 前田约翰. 简单法则[M]. 张凌燕, 译. 北京: 机械工业出版社, 2014.

[37] 塞普勒, 克罗格鲁斯. 史上最简单的问题解决手册[M]. 胡玮珊, 译. 北京: 中国青年出版社, 2013.

[38] 胡景天. 一页纸上的管理哲学[M]. 北京: 中国华侨出版社, 2014.

[39] 邓志华. 简单高效37种管理规则[M]. 北京: 中国纺织出版社, 2010.

[40] 邱国鹭. 投资中最简单的事[M]. 北京: 中国人民大学出版社, 2014.

[41] 诺特伯格. 番茄工作法图解: 简单易行的时间管理方法[M]. 大胖, 译. 北京: 人民邮电出版社, 2011.

[42] 蔡践. 低调做领导 高调抓管理[M]. 北京: 中国纺织出版社, 2012.

[43] 董国良, 吴爱国. 让管理回归简单[M]. 北京: 中国华侨出版社, 2012.

[44] 雍宗超. 谁把事情搞复杂了[M]. 北京: 世界知识出版社, 2006.

[45] 钱学成, 全林. 管理哲学[M]. 上海: 上海交通大学出版社, 2009.

[46] 王德清. 中外管理思想史[M]. 重庆: 重庆大学出版社, 2005.

推荐语

红杉集团董事长　张家跃 >>>

现在的社会越来越不简单了，纷繁复杂的元素构建了社会新的形态。冯祯祥先生能够提出"简单管理"的理论，他真是一位不简单的超常人物，也是一位杰出的企业领导人。我们应该认真研究和学习他的简单管理之理论并且在企业发展实践中加以应用。

教育部高等教育督导专员　谢一凡 >>>

冯祯祥先生的《简单管理》应时而生，其思想体系的构建，集中体现出"化繁为简，聚焦重点，倍增效率"的核心价值，为现代企业的管理，为政府简政放权，提高管理与服务效率，起到了很好的指导和助力作用。

阳江广雅中学校长　骆东风 >>>

《简单管理》并不简单，堪称现代版的《科学管理》，是冯祯祥博士丰富的企业管理实战经验与其独特的辩证思维的结晶。全书充满了化繁为简的管理智慧，无论是对企业，还是对其他社会组织机构，都有极强的实用价值。"大道至简，悟在天成"，愿诸君一册在手，开启卓越经营之旅。简单管理，成就幸福人生，我佩服冯先生的责任担当。

👍 深圳市中饰南方建设工程有限公司董事长 **陈洁新** >>>

管理由繁入简难，将简单管理广泛应用于企业实践更是难上加难，在运用过程中往往很难落地。冯祯祥博士的《简单管理》适时的解决了这个问题，冯博士拥有大量的实践经验，总结出了诸多行之有效的简单方法和技巧，能有效提升与优化企业管理系统，增强盈利能力。希望"简单管理"能在更多的企业中推广应用！

👍 广东苏氏投资集团有限公司高管 **何家伟** >>>

有幸聆听冯博士课程，才发现简单管理不简单：于学习，可以有效运用简单管理思维，直达学习要点，快速掌握核心知识；于工作，剔除繁杂的无效事务，高效直奔目的；于生活，简单思维减少烦恼，降低人与人之间的摩擦，增加幸福感。简单管理是一门学问，更是一项系统工程，期待更多人受益于这套科学高效的自我管理方法，创造更多可能。

👍 贵州省剑河县清水江畔房地产有限责任公司总经理 **申后雄** >>>

《简单管理》很不简单，这是冯祯祥博士一生的智慧结晶，也是他大半生创办企业的经验总结，对于管理企业有极大的帮助，其价值不可用金钱衡量。本书值得拥有。

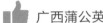 广西蒲公英酒店管理有限公司总经理 **覃振兴** >>>

学习了冯老师的"简单管理"课程，让我在工作中化繁为简，提高了我和我的团队的办事效率，争取一次就把事情做好，达到了事半功倍的效果。

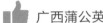 惠州彤鑫电子商务培训教育有限公司 **许金枝** >>>

冯祯祥老师的《简单管理》有容乃大，大道至简，简而不凡，凡夫读后亦能瞬间开窍，敲开简单企业管理的大门，是我多年来遇见的必读、必藏、必传书籍之一。

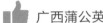 深圳市显控科技股份有限公司董事长 **宋斌** >>>

冯老师的《简单管理》融简单之博大，汇管理之精深。化繁为简，开源节流，促进企业效率提升，实现规模效益倍增，必将是当今乃至未来企业和时代发展对管理者发出的最强音和主旋律！

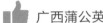 东莞市长盈朗科实业有限公司董事长 **黄永超** >>>

《简单管理》以盈利能力和发展能力为导向，建立精简高效的管理模式，重点把发现问题、解决问题转移到预防问题，很接地气，很实用。如果问题得以预防，就根本不需去发现和解决了，预防问题是最简单的管理。简单管理的应用推广功德无量。

作者公司和业务介绍 ⌄

学院简介 >>>

　　深圳市简单管理学院的前身为深圳市简单管理咨询有限公司，创立于2002年4月。学院始终奉行"化繁为简润四海，简单管理济天下"的使命，坚持"崇尚简单，追求卓越"的精神，以"化繁为简创造无限可能"的坚强信念，致力于简单管理实践与应用的研究推广。采用合作伙伴关系制度，凝聚国内外优秀人才，拥有近100名讲师团队和咨询顾问，创建了享誉业界的"简单管理"品牌，取得了骄人的业绩，赢得了广泛的市场认同，深受客户青睐，并获得"深圳市企业社会化服务体系专业服务机构备案确认书"。

　　十六年来，简单管理培训覆盖全国23个省、市及地区，荣幸登陆了中央电视台CCTV中国公开课。中共中央组织部全国组织干部学院、国家工商总局行政学院、国家发改委、国务院扶贫办，西部开发办、上海市委党校、广东省委组织部、深圳经理学院等干部培训班和清华大学、北京大学、中山大学、暨南大学、深圳大学、内蒙古大学、厦门大学等国内著名院校总裁班和政商领袖班都已引入简单管理应用课程。曾为中国水业、广东核电、深圳地铁、深圳巴士、深业物业、深圳市人民医院、腾讯－大粤网、科力远、诺普信、汉口银行、广东华坚集团、中国长城资产等近500家知名企业提供了简单管理应用课程培训和项目咨询服务。

　　展望未来，深圳市简单管理学院秉承历史使命，始终站在时代前沿，为实现中华民族伟大复兴的中国梦注入新的动力！

　　化繁为简润四海，简单管理济天下！

　　简单管理学院与您携手同行，共享成功！

主要业务 >>>

一、简单管理应用课程推广
- 简单管理企业课堂
- 简单管理党建课堂
- 简单管理红色课堂
- 简单管理海上课堂
- 简单管理在线课堂

二、简单管理应用项目咨询
- 简单管理应用体系（卓越绩效模式）
- 简单管理绩效体系（人力资源开发）
- 简单管理制度体系（企业制度优化）
- 简单管理文化体系（企业文化建设）
- 简单管理运作体系（企业流程再造）

简单管理　　　　　简单管理学院　　　　简单管理俱乐部